KB058357

"많이 웃고, 또 많이 울었던.
치열한 우리의 그때 그 이야기다."

서른, 아홉

2

서른, 아홉

2

유영아 대본집

arte

차례

정말 내일모레 마흔, 빼박입니다.
곧 마흔인데 뭘 제대로 해놓은 것도 없고, 불안하긴 20대나 30대나 마찬가지입니다.

빈익빈 부익부는 이 나이에도 따라붙어 있는 집 애는 있는 집 서른아홉이 되고.
없는 집 애는… 엄마 집에 얹혀살기도 합니다.

이 나라가 열심히 일한다고 돈이 모아지는 나라인가요.
오늘 벌어 모레까지 쓸 수 있다면 잘 버는 거 아닌가요.
곧 마흔이 된다니 좀 불안합니다.
결혼도 안… 아니 못 했고. 돈도 그닥 없고.
이러다 아프기라도 하면 큰일입니다.
나이 들어 여전히 혼자면 실버타운이라도 들어가야 할 텐데 괜찮은 실버타운은
2억은 있어야 받아준답니다. 한 40년 후면 3억? 정도로 인플레이션되겠죠?
당장 300도 빠듯한데 3억이라뇨.
그래서 그녀들은 단골집에서 맥주나 마시며 오늘을 자축합니다.

이 나이가 되어도 이놈의 심장은 여전히 콩닥거립니다.
어렸을 때보다 더 쉽게 콩닥거립니다. 절대 금사빠는 아니었는데.

나이 들어 그런가… 눈만 마주쳐도 의미를 부여하며 과하게 몰입합니다.
99프로는 헛물켜고 끝나지만 혹시나… 하는 마음에 오늘도 아무 데나 설렙니다.
미친… 누가 마흔을 불혹이라고 했을까요? 그땐 밤의 문화도 없고 잘생긴 김수
현도 없어서 함부로 '불혹'이라 강요했다고 봅니다!

사실 이 드라마 그녀들은 곧 서른아홉치고는 철이 좀 없긴 합니다.
여전히 사고치고 서로 해결해주고.
서로의 사랑을 응원하다가 비난도 하고.
제일 잘 버는 그녀에게 빨대 꽂으며 오늘의 소맥을 달립니다.
그럭저럭 괜찮은 서른아홉 인생이라 건배를 하던 어느 날.
우리가 이별해야 하는 인연인 것을 알게 됩니다.
우리는.
이토록 서로 '친애' 하는 줄.
미처 몰랐습니다.
참으로 파란만장한 우리 그날의 이야기입니다.

차미조
39세, 제이피부과 원장

일곱 살에 입양되어 남부러울 것 없는 환경에서 사랑을 듬뿍 받으며 잘 자랐다.

고 2 어느 날, 친모를 찾아 나섰다가 위기에 빠진 순간 두 아이를 만났고 절친이 되었다.

병원 개원하느라 받은 대출을 다 갚은 날, 1년 동안의 안식년을 계획한다. 공황장애가 심해져 팜스프링스로 가 골프나 치며 쉴 생각이다.

하필 이때 나타났다. 선우라는 남자. 곧 떠날 거니 하루쯤 마음 가는 대로 해도 좋을 거 같았다.

오랜만의 설렘으로 신나던 그때, 말도 안 되는 일이 터졌다.

정찬영
39세, 연기 선생님

배우가 꿈이었다.

좋은 기회도 있었지만, 첫 촬영 날 사고가 나면서 꼬이기 시작했다. 진석의 탓인 것만 같아 그를 원망했었다. 그때 헤어진 진석은 유학을 다녀와서 결혼을 했다.

결혼 후 진석은 사업을 시작했고 찬영에게 소속 배우들의 연기 지도를 부탁했다.

계속 거절하다가 이렇게라도 연기라는 끈을 놓치고 싶지 않아 일을 맡아 하게 된다.

마흔이 되기 전에 끊어내고 새롭게 시작해보려던 그
때, 시한부 판정을 받게 된다.
가는 길 질질 짜지 않기로 했다.

장주희
39세, 백화점 매니저

평생 소심 그 자체로 살았다.
그나마 친구인 미조와 찬영이 아니면 일탈이라고는 없
었을 인생이다.
고 3 때 암에 걸린 엄마를 간호하느라 바빠 대학을 가
지 못했다.
그러다 20대 중반에 취직을 했고 서른아홉이 되도록
지루하게 살고 있다.
아직 연애를 한 번도 해보지 못했다.
어느 날 동네에 퓨전 중국집이 생겼다. 가게 주인이며
셰프인 남자가 자꾸 눈에 든다.
이 와중에 찬영은 슬픈 소식을 전해 왔다.
앞이 캄캄하다. 미조와 찬영이 없는 인생은 생각도 못
해봤다.

김선우
39세, 피부과 의사

부모님을 따라 고등학교 때 미국으로 이민을 갔다.
의대에 진학했고 미국의 대학병원에서 안정적인 의사

생활을 해왔다.

서른아홉이 되어 다시 한국으로 들어왔다.

어머니가 돌아가시고 갑자기 사라진 여동생 소원이를 보살피러.

소원이를 입양했던 온누리보육원에서 봉사하며 동생의 어린 날들을 만나보려던 그때, 미조를 만난다.

1년 넘는 한국 생활 동안 친구도 만나지 않고 고독하게 버티던 선우의 마음이 쿵 흔들렸다.

김진석

42세,

챔프엔터테인먼트 대표

미조를 잠깐 보러 갔다가 찬영을 만났고 첫눈에 반했다. 찬영과 결혼하고 싶었지만 집안의 거센 반대에 부딪혔다.

본인이 찬영의 배우로서의 앞길을 막은 것 같아 이별 후 유학을 떠났다. 정신 나간 놈처럼 놀다가 다시 정신을 차렸을 때 찬영이 없인 못 살겠다는 생각이 확고해졌다.

귀국 후 다시 찬영을 찾으려던 그때 강선주가 나타났다. 그 하룻밤의 일로 아이가 생겼을 거라고 상상도 못 했다.

지금은 찬영에게 소속사 배우들의 연기 지도를 부탁해 가끔씩 본다.

박현준
35세.
차이나타운 사장 겸 셰프

자신의 요리를 하고 싶어 호텔 셰프를 그만두고 작은 중식당을 열었다.
열심히 일에 집중하다 보니 개업 후론 가게 밖에서 데이트를 거의 하지 못한다.
여자 친구인 혜진은 현준이 호텔 수석 셰프 자리를 고사한 것을 못마땅해해 점점 다툼이 잦아진다.
가게의 단골이 된 주희와 가끔 술 한잔을 기울이며 친해진다.

김소원
29세. 선우의 동생

줄리아드 음대를 졸업한 피아니스트.
너무나 사랑했던 엄마가 병으로 일찍 세상을 떠났다.
그 상실감과 불안감이 걷잡을 수 없이 커져 방황을 하게 된다. 참담한 시간을 보내고 있을 때 오빠가 소원을 찾으러 한국에 왔다.
그리고 오빠 곁에 있는 미조. 그녀의 현실적인 말들에 마음이 싸한데 이상하게 따뜻하다.

차미현
44세. 피부과 실장.
미조의 언니

미현이 나이 열 살, 엄마 아빠를 따라간 보육원에서 다섯 살 미조를 만났다.
귀엽고 예쁘게 생겼지만 말이 없던 아이.

미현의 눈엔 유난히 외로워 보이는 그 아이가 계속 밟혔던 것 같다.

그 이쁜 아이를 더 이상 보육원 두고 오고 싶지 않다는 생각이 들어 부모님께 먼저 말을 꺼냈다.

그때부터 지금까지 미조의 절대적인 편이 되어주는 언니다.

강선주
37세, 진석의 아내

꽃히면 가져야 하는 여자다.

미국에서 남자 친구와 동거 중에도 서로 클럽도 다니며 즐겨도 터치하지 않았다.

어느 날 클럽에서 누군가와 통화하며 눈물을 글썽이는 진석을 보았다. 저런 따뜻한 남자가 그리워하는 주인공이 되고 싶다는 생각이 들었다.

진석이 귀국한 후 바로 따라 귀국해 아버지를 졸랐고 진석의 아내가 되었다.

일이 술술 풀려서 이건 운명이라고 생각했다.

조혜진
27세, 대학원생,
현준의 여자 친구

현준의 여자 친구.

자주 현준의 가게에 와서 일을 도와준다.

가게에서 데이트하지만 이것도 하루 이틀이지 점점 지

루해진다.

아직 친구들에게 현준이 호텔을 그만둔 것을 말하지 못했다.

호텔보다 중국집 사장인 게 더 행복하다는 현준을 이해할 수 없다. 그 일로 현준과 자꾸 싸우게 된다.

용어 정리

S#	장면(Scene)을 의미하며 같은 장소, 같은 시간 내 이루어지는 행동, 대사가 한 신을 구성.
FB	플래시백. 회상 장면을 나타냄.
cut to.	가까운 공간 안에서의 각도 전환.
인서트	신 중간에 들어가는 삽입 장면.
몽타주	따로따로 편집된 장면을 짧게 끊어서 붙인 화면.
점프	점프컷. 연속성이 없는 두 장면들을 짧게 끊어서 붙인 화면.
(N)	내레이션을 뜻하며, 장면 밖에서 들려오는 목소리.
(E)	효과음(Effect)을 뜻하며, 등장인물은 보이지 않고 소리만 나는 경우 사용.
(F)	필터(Filter)의 약자로, 전화기 너머의 목소리를 표현할 때 사용.

제7화

불편한 진실

1.   프롤로그

주희 집.
20대 중반의 미조와 찬영과 주희. 찬영은 뚱해서 소파에 앉아 있다.
주희 모가 손톱을 깎으며 이들을 지켜보고 있다. 좀 웃긴 거 같다.

미조   안약이라도 들고 들어가지.
주희   오디션에 안약을 어떻게 하냐? 슬픈 생각을 해보지 그랬어.
찬영   해봤어.
미조   무슨 생각.
찬영   내가 요절하는 생각.

미조, 쿠션을 던진다. 에라이….

주희 모   오디션인지 뭔지 또 보면 되잖아. 소주 한잔하고 잊어.
찬영   아 짜증 나….

찬영, 약이 올라하다가 툭 눈물이 터진다. 미조와 주희 헐….

미조   오디션에서 이렇게 울지!
찬영   몇 번을 말해 감독이 웃기게 생겼다고!!
미조   그러니까 니가 메소드연기가 안 나오는 거야! 웃겨봤자 어?

찬영, 이런 씨… 핸드폰으로 감독 사진을 찾아 보여준다.
미조, 앗… 웃음을 참는다.

찬영   나가자. 소주 먹자.
주희   노가리집 문 열었나?

이미 일어나 현관으로 이동하는 세 친구.
찬영이 문을 열자 현관에 누군가 서 있다.
50대 중반의 여자가 초인종을 누르려다 문이 열리자 엄마야 한다.

주희   누구세요?
여자   (주희 보더니) 니가 주희니? 못 알아보겠네.

주희 모, 누구야 하고 나왔다가 경직된다.

주희 모   얼른 가들. 많이 마시지 말고.

셋을 떠밀 듯 내보내는 주희 모.
여자는 세 친구들이 나서는 길을 비켜준다.
순간, 미조와 여자 눈이 마주친다. 별 의미 없이 지나치는 눈빛.
세 친구가 나가고 현관문이 닫히면 주희 모, 매우 심기 불편한 얼굴로
여자를 본다.
여자는 들어오라는 말도 없었는데 이미 신발을 벗고 거실로 들어와 소
파에 앉는다.

주희 모   무슨 일이야 갑자기.

여자	그냥 생각나서 지나던 길에. 주희 인물 나네. 한창 이쁠 나이다 그치?
주희 모	나 일 있어. 나가자.
여자	지민이도 저 나이쯤 됐을 텐데.
주희 모	(얼굴이 굳는다)
여자	나 닮았음 이쁘겠지 뭐. 나이 드나 봐. 얼굴이나 한번 보고 싶고 그렇다?
주희 모	…. 너 자격 없다며. 낳자마자 버렸다며!
여자	왜 날을 세워 오랜만에 만나서.
주희 모	사람 잘못 들여서 가게 날려먹을 뻔한 거. 그 덕에 암 걸려서 고생 중인 거. 다 잊을 테니까 다신 오지 마라. 일어나.

이때, 초인종이 울린다. 주희 모 긴장. 문을 연다. 미조가 들어온다.

미조	엄마 저기 제 지갑 좀. TV 옆에요!
주희 모	지갑…?

주희 모 부산하게 지갑을 찾아 미조에게 준다.
미조, 헤… 웃으며 지갑 들고 다시 나가려는데 여자와 눈이 마주친다.

미조	엄마 저 가요~!

미조, 서둘러 나간다. 여자는 미조를 무심코 보고 있다.

부제 '불편한 진실'

찬영이 신발들을 보고 있다. 미조의 신발이 그대로다. 자신의 슬리퍼도
그대로다.
무슨 일일까… 창밖을 내다본다.
찬영 모와 진석은 화기애애하다. 주희가 곁으로 온다.

주희   미조 어디 갔어?
찬영   (농담) 김선우랑 튄 거 같은데?

그러나 찬영의 얼굴은 밝지 않다.

링거를 맞고 있는 미조. 잠들어 있다. 미간이 꿈틀….
미조, 눈을 뜨면 발이 간지럽다.
보면, 선우가 물티슈로 미조의 발을 닦고 있다.

미조   간지러.
선우   잘 잤어요?

서로 바라보는데 서로 다 이해하고 있는 눈빛.

4. 선우 자동차 안 (밤)

미조, 신발을 본다. 좀 크고 낡은 남자 슬리퍼.

미조   이건 어디서 났어요?
선우   그 병원에 선배 있어요. 벗겨 왔어.
미조   아저씨 같아.
선우   내일 신발 사줄게.
미조   우리 어디 가요? 나 집에 가는 거 아니야?
선우   (웃는다) 하던 거 마저 해야지.

미조, 무슨 소린가 싶다.

5. 캠핑장 (밤)

캠핑 의자에 앉아 있는 미조.
선우가 텐트를 다 치고 입구에 알알이 이어진 조명도 달았다. 뿌듯하게
미조를 본다.

미조   난 뭐 해요? 같이 해….
선우   미조 씨는…. (둘러보다가) 먹고, 쉬고. 그것만 하면 돼.

선우, 캠핑 테이블을 편다. 고기 구울 준비를 하는 모습이 이어진다.
미조도 이것저것 돕는다.

/불판에 고기를 굽는 선우.
미조, 물끄러미 본다. 선우, 구워진 고기를 미조 입에 넣어주려 한다.

미조   천천히 먹을게요.
선우   지금이야. 육즙 딱이야. 아~~~

미조, 할 수 없이 고기를 받아먹는다.

선우   이 고기 보이죠? 이거 다 먹어야 돼.

선우, 열심히 고기를 뒤집는다. 그러다 미조를 본다.

선우   공황장애 있죠.

미조, 움찔⋯ 그러나 뭐 대단한 일은 아니라 담담하게 선우를 본다.

미조   가끔. 심각한 건 아니고.
선우   그래서 안식년 갖겠다고 했어요?
미조   꼭 그래서 그런 건 아니고.

미조, 질문을 피하려고 고기를 먹는다.

미조   너무 익었는데?

선우, 더 묻지 않는다. 다른 고기를 앞에 놓아준다.

선우	왜… 공황장애가 왔어요? 아까… 같이 있던 여자… 누구예요?
미조	…. 진석이 오빠 와이프.
선우	…!!!

선우, 더 말 안 해도 알 것 같다. 미조, 마음이 무겁다.

6. 찬영 집 거실 (밤)

찬영 모가 집을 나선다. 찬영, 진석, 주희가 우왕좌왕이다.

찬영 모	여기서 안녕해 그냥. 뭘 우르르 나와….
진석	제가 운전해드릴게요. 저 운전 좋아해요!
찬영 모	아유, 난 더 불편해요.
진석	아… 찬영이 보는 줄 알았습니다…. (방긋)
찬영 모	닮지 말라는 건 꼭 닮아. (웃고) 양평에 한번 와요, 제대로 밥 차려줄게.
진석	네 꼭 가겠습니다!
주희	엄마 나 버스정류장에 내려줘요!
찬영 모	그래 가자가자. 얼른 나서자.

찬영 모 기분 좋게 집을 나선다.
'가 엄마~' '주희 가라~!' 인사를 하는 찬영.
진석과 찬영이 남는다.

| 진석 | 어머님 멋지시네. |

찬영, 전쟁 치른 기분이다. 기운이 빠져 소파에 털썩 앉는다.

진석   힘들었지? 차 좀 끓여줄까?
찬영   아니. 쫌만 앉아 있자….

테이블 위 진석의 핸드폰 진동이 울린다. 굳이 보지 않는 진석.
핸드폰엔 [선주]가 뜬다.

찬영   전화 오잖아….
진석   (옆에 앉으며) 나도 쫌만 앉아 있자. 아이고….
찬영   정신이 하나도 없다…. 엄마 뭐 눈치챈 거 아닐까?
진석   언제 말씀 드릴 거야….
찬영   하…. 모르겠어….

진석, 찬영이를 안아준다. 찬영, 미조의 신발이 눈에 들어온다.

찬영   오빠.
진석   (본다)
찬영   선우 씨한테 전화 좀 해봐. 미조 어딨는지.
진석   그럴까?

진석 전화를 건다.

진석   어 선우야. 너 어디야. 아 그래? 미조는? 어. 어… (한참 듣는다) 그랬구
         나. 그래… 어.

통화를 마친 진석이 얼떨떨하다. 찬영이 궁금해서 본다.

진석   미조 몸이 안 좋아서… 캠핑 갔다는데?
찬영   몸이 안 좋은데 캠핑 갔다고?
진석   어….
찬영   무슨 조합이야 그게?

찬영, 뭔가 이상하다.

7.   캠핑장 (밤)

모닥불 피워두고 불멍 중인 미조와 선우.

선우   지구에서 젤 신나는 시한부 돼보자고 했다면서요. 근데 미조 씨는 혼자
       끙끙… 병나겠어.
미조   내가 비겁한 거 같아요.
선우   뭐가…
미조   조금 더 설득해야 되는 거 아닌가. 치료 말예요. 0.8퍼센트가 찬영이가
       될 수 있는 거 아닌가… 하루에도 몇 번씩 마음이 전쟁이야.
선우   그게 왜 비겁해요?
미조   나 마음 편하자고 신나는 시한부 해보자고 한 거 같아서. 난 최선을 다
       했는데, 찬영이가 치료를 거부하니까, 찬영이 바람대로 유쾌한 척이라
       도 해보자. 그렇게 쉽게 타협한 거 같아서.

불을 바라보는 미조의 얼굴이 무겁다.

선우   부탁이 있어요.

미조   (본다)

선우   찬영 씨 생각하는 거만큼, 차미조도 생각해요.

미조   ….

선우   조금만 분리해보자고. 지금은, 찬영 씨 걱정도 좋지만, 미조 씨 생애 첫
      캠핑이잖아요. 지금을 생각해요. 공기도 좋잖아.

미조, 알았다는 듯 웃어 보인다.

선우   비겁한 거 아니야. 이기적인 것도 아니고.

미조   (좀 위로가 된다) 고구마 산 거 구울까?

선우   (웃는다) 라면은 내일 아침에 먹을까 그럼?

미조   모닝 라면이 젤 맛있지.

기분 좋게 웃는 미조와 선우.

8.   미조 집 로비 (밤)

진석이 쇼핑백을 데스크에 맡긴다. 메모를 적는 보안 직원.
진석, 문자를 적는다.

9.   캠핑장 (밤)

고구마 껍질 까주는 선우. 뜨거워서 놓친다.

미조, 헐…. 선우 민망하다. 떨어진 걸 주워서 흙을 턴다.

미조   먹을라구?
선우   흙도 먹고 그래야 건강하지. 미조 씨는 다시 까줄게.
미조   땅거지야 그거!

미조 핸드폰에 문자가 들어온다. 보면, 진석이다.

진석(E)   백이랑 신발 데스크에 맡겨놨어. 집에 들어갈 때 찾아가. 몸은 괜찮은지
         걱정된다.

미조, 왠지 가슴이 아프다.
선우, 미조의 핸드폰을 집어서 자기 주머니에 넣는다.

선우   고구마에 집중해야 돼.

미조, 선우가 껍질 까는 것을 본다.

미조   잘하자. 또 떨어뜨리면 집에 갈 거야.

선우, 뜨거운데 최선을 다한다. 너무 뜨겁다. 미조 웃음이 난다.

10.   캠핑장 텐트 안 (한밤)

조명으로 텐트 안까지 아늑하게 밝다.

선우의 팔을 베고 잠이 든 미조.
미조, 하루가 너무 길고 힘든지 새근새근 잠을 자고 있다.
선우가 미조의 머리를 스르륵 넘겨준다. 토닥토닥… 미조를 재우는
선우.
선우도 눈을 감는다. 사랑스럽게 잠이 들어가는 미조와 선우.

11.   차이나타운 앞 (아침)

주희가 출근 복장으로 터덜터덜 걷고 있다. 하… 어디가지….
차이나타운 문을 여는 현준과 마주친다.

현준   어! 굿모닝입니다~!
주희   저 출근하는 중인데요.
현준   ?? 아… (당연한 걸 왜…) 안녕히 다녀오십쇼!

주희, 뭔가 들킨 거처럼 다다다 달려가듯 빠르게 걸어간다.
현준, 왜 저래… 갸웃.

12.   커피숍 안 (낮)

찬영이 차를 마시며 기다린다.
선우, 헐레벌떡 달려와 앉는다. 찬영, 반갑게 활짝 웃는다.

(점프)

담담하게 차를 마시는 선우. 찬영은 고개만 끄덕끄덕….

찬영   그랬구나. 뭔가 있다 싶었는데… 사건이 크네요.

서글프게 웃는 찬영.

선우   말한 거 알면 저 혼나요.
찬영   모른 척해요 우리 둘 다. 궁금해서 왔어요. 누가 봐도 이상한데 별일 아
        니라고 하니까 믿어지나.

차를 마시는 두 사람.

찬영   차미조 나 때문에 발목 잡혀서 고생이 많네….
선우   (아… 이렇게 이야기가 흘러가면…) 제가 잡았죠!!!
찬영   아 깜짝이야….
선우   목소리 높았죠? (흐흐 웃는 선우) 미조 씨 발목 잡은 건 내 치명적인 매
        력인데 찬영 씨가 잡았다고 하니까 억울해서 욱했네.

찬영, 이 사람 참 좋은 사람 맞구나 바라본다.

찬영   이럴 줄 알았으면 미조가 골프 배우라고 할 때 좀 배울 걸 그랬어. 같이
        좀 치고. 별게 다 아쉬워 죽을 때 되니까.
선우   아니 저기…
찬영   지금 해야 돼 무조건. 뭐든!
선우   저기 찬영 씨, 미조 씨는…
찬영   나 아프다고 할 거 안 하고 그런 거 아니죠? 나이도 있는데 그냥 미조네

집으로 들어가 사는 건 어때요?

선우, 막 쳐들어오는 찬영의 드립에 정신이 아득하다.

찬영   상상하는 거 같은데? 완전 좋죠?
선우   네.

둘 다 풉 웃음이 터진다.

찬영   미조랑 좀 놀아주세요. 같이 골프도 치고… 골프 쳐요?
선우   의사 안 했으면 타이거 우즈랑 경기 뛰고 있지 싶습니다.

찬영, 헐… 빤히 선우를 본다. 민망한 선우.

선우   분위기 띄운 거잖아요. 정색을 하고 그래요….
찬영   남들도 나를 볼 때 이런 기분인가?
선우   ?
찬영   허언증 환자 같다.

선우, 이런 맙소사… 웃는다.

13.   챔프엔터 진석 사무실 (낮)

미조와 진석이 소파에 마주 앉아 있다.

미조	백이랑 신발 가져다줘서 고마워.
진석	가까워서 금방 다녀왔어. 컨디션은 괜찮아?
미조	응.
진석	그 사람… 왔었다며.
미조	…응.

서로 찻잔만 만지작거리는 미조와 진석.

| 진석 | 그때… 너 여기 와서 울었을 때. 그때 생각이 자주 나. |

FB (2화 S#63)/
눈물범벅이 되어 진석을 마구 흔들며 진석의 가슴을 두 손으로 쾅쾅 친다.

미조 죽일 거야… 너 내가… 죽일 거야 김진석… 이 나쁜 새끼야!!
　　　내가 너 죽일 거야~!!!
미조 너 때문이고… 나 때문이야…. 우리 때문이야….

/미조, 용기를 내어 진석을 본다.

미조	우리… 어떡하지 오빠?
진석	(미조를 본다)
미조	인생이 있잖아. 오락가락이야. (담담하게 내놓는다) 그때… 엄마랑 찬영이랑 오빠랑… 딱 보기 좋은 거 있지. (슬프게 웃는다) 믿을 뻔했어. 오빠는 찬영이 남자 친구고 찬영이는 건강하고 엄마는… 사위 만난 거처럼 설레하시고. 그냥 그렇게 믿고 싶은 거 있잖아. 나도 거기 섞여서… 주희랑 같이 그렇게 아무 일도 없는 거처럼. (작은 숨 고르고) 문

을 열었는데. 선주 씨가 서 있는 거야.

진석, 미조의 아픔과 자신의 아픔이 그대로 느껴진다.

미조   와장창…. 정말 와장창….

미조 고개를 숙인다. 흠… 마음이 아프다.

미조   (고개 숙인 채) 빌었어. (눈물이 고인다) 한 번만 봐달라고… 빌었어.

진석, 눈에 눈물이 고인다. 둘 다 고개를 들지 못한다.

미조   인생이… 오락가락이야 오빠….

찻잔을 든 미조 손에 눈물이 떨어진다.
진석의 얼굴에도 눈물이 흐른다.

14.   차이나타운 안 (낮)

현준이 ○○백화점 본관 주희 매장 전화번호를 찾아 전화를 건다.

현준   네 안녕하세요. 혹시 장주희 매니저님 계신가요? 네??? 퇴사요???

헐…. 현준 너무 놀란다.

FB (7화 S#11)/

주희 저 출근하는 중인데요.

현준 요 누나 요렇게 귀엽다고. 와… 출근? 퇴사? 와… 반전 있는데?
퇴사했으면… 파티 해야지!

핸드폰을 연다. 막상 주희 번호가 없다.

현준 전화번호… 가 없구나.

머리를 벅벅 긁으며 고민하는 현준.

15. 백화점 루프톱 (낮)

주희, 한가로운 사모님들(?) 사이에서 커피 메뉴판을 보고 있다.
격 있는 유니폼을 입은 직원이 주문을 기다린다.

주희 카푸치노 따뜻한 거 주세요.

인사하고 가는 직원. 주희, 다리를 슬쩍 꼬고 앉아 사람들을 살펴본다.
다들 참 여유로워 보인다. 주희, 갑자기 욱한다. 단톡방에 톡을 올리기
시작.

주희 톡/ 같은 건물 안인데 이렇게 다르냐. 내가 죽자고 화장품 팔 때 루프톱에선
이렇게 우아했어.

찬영 톡/ 설마 너 일하던 백화점에서 커피 마시는 중?

미조 톡/ 그래도 돼. 우리 주희 우아하게 한잔해.

찬영 톡/ 왜. 백화점 매상 올려주냐? 아유 인간아….

주희 톡/ 한번 해보고 싶었다 왜!!

미조 톡/ 오늘 차이나타운에 모이래. 8시.

주희 톡/ 누가?

미조 톡/ 셰프님이 한 턱 쏜대. 이웃 주민 퇴사 기념.

주희, 헉…. 입을 막는다.

주희   어떻게 알았지??!!

미조 톡/ 너 연락처 안 줬어? 선우 씨한테 연락 왔었다. 이따 보자!

찬영 톡/ 분위기 대충 잡고 와 그냥. 설마 너 분위기 좋고 맛은 없는 카푸치노는
아니지?

주희, 앞에 놓인 카푸치노. 한 모금 마신다. 아우 씨….

주희, 조용히 손을 든다. 직원이 오면,

주희   설탕 좀 주세요…. (어색하게 싱긋)

주희, 뭐가 이러냐… 망했다 싶다.

16.   온누리보육원 앞 (낮)

택시가 선다. 소원이 내린다. 큰 캐리어 하나와 작은 캐리어 하나.
보육원을 바라본다. 여러 가지 생각에 차분한 얼굴이다.

17.   온누리보육원 원장실 (낮)

좀 당황한 원장. 소원과 마주 앉아 있다.
소원 옆엔 캐리어 두 개.

소원   놀라셨죠…?
원장   좀 놀랍긴 하다. (웃는다) 여기서 살아도 되냐고 했을 때 농담인 줄 알
       았거든.
소원   사실 집 나온 지 좀 됐어요. 이사할 집 찾다가… 여기 다시 와 보니까
       좋더라구요. 청소도 하고 애들도 보살피고… 놀진 않을게요.

       소심하게 웃는 소원.

원장   잘했어. 나야 좋지. 근데 오빠랑 상의했어?
소원   이제 말하려구요. 상의하면 생각 많아지잖아요 오빠 스타일.
원장   그러긴 하지. 흐흐.
소원   오빠는 더 좋아할 거예요, 저 여기 있는 거.

       원장, 무슨 일이 있는 걸까 걱정이 되지만 연신 미소를 지어 보인다.

| 원장 | 소원이 여기 있으면 오빠 더 자주 오겠네. |
| | 둘 다 자주 보면 내가 젤 좋지 뭐. |

소원, 반갑게 맞아주는 원장에게 고맙다.

소원	원장님.
원장	응?
소원	부탁드릴 게⋯ 있어요.

잠시 주춤하다가 백에서 하얀 봉투를 꺼낸다.
원장, 이게 뭐지? 본다.

18. 차이나타운 안 (밤)

현준 혼자 바쁘다. 요리하고 서빙하고.
주희가 슬쩍 들어와 서성인다. 현준, 주희를 발견하더니 환하게 웃는다.

현준	아유 백수님 오셨어요?
주희	⋯. 어떻게 알았어⋯ 참나⋯.
현준	가게 못 비워서 여자 친구 선물할 화장품 주문하려고 매장에 전화했었지! 와⋯ 출근하는 중이에요! 어쩐지 무지 어색하드라!
손님(E)	여기 짜사이 좀 더 주세요!
현준	네! (주희 보며) 3번 테이블에 짜사이! 아 빨랑 손 씻고 좀 도와줘요. 알바 그만둬서 하루 종일 죽겠어.

주희, 어머 뭐야… 하면서 이미 백 내려놓고 준비한다.

현준   알바하자. 시급 잘 해줄게요!
주희   (괜히 있는 척) 나 몇 달 쉬려고 했는데… 여행도 하구.
손님(E) 맥주 하나 더 줘요!
주희   네~!

주희 바빠진다. 현준, 주희를 보며 웃는다. 주방으로 들어가는 현준.

19. 온누리보육원 소원 방 (밤)

간소한 가구. 소원이 짐도 풀지 않고 잠시 쉬는 듯한 자세인데 깊은 잠
에 들어 있다.
원장이 문을 열고 소원을 본다. 들어와 이불을 덮어준다.

소원(E) 아버지… 아니… 의원님이 준 돈으로 구한 집이었어요. 돌려주고 싶어
요. 다 돌려주고… 제 힘으로 살고 싶어요.

원장의 속상한 눈빛.

20. 차이나타운 안 (밤)

한가해진 가게. 미조와 찬영은 차를 마시고 주희는 맥주를 마시고 있다.

현준	오늘은 제가 내는 겁니다! 우리 동네 주민 퇴사 기념이니까 많이 드세요!
찬영	그림의 떡이잖아. 난 맨날 스프 이런 거 주면서.
현준	맛이 괜찮을텐데?
찬영	그렇긴 하지.

현준, 재밌어하며 주방으로 들어간다.

찬영	이왕 이렇게 된 거 셋이서 죽자고 놀자! 아 맞다, 골프 치자 우리, 골프!
미조	골프? 너랑?
찬영	주희야 가자.
주희	골프? 내가?
찬영	야, 가서 꼭 공 쳐야 되냐? 조경도 좋고 잔디도 넓고! 산책하는 거지 우린.
주희	그래도 좀 웃기지….
찬영	야, 생각해봐? 잔디 좀 좋다 싶으면 어김없이 뭐가 있어.
주희	들어가지 마시오.
찬영	잔디가 아파요.

미조, 찬영이 하는 말을 기가 차서 듣고 있다.

찬영	골프장에 딱 들어가면 사방이 잔디야. 막 밟고 달리고 어? 드러누워도 누가 뭐라 그래!
미조	눕는 건 아니지.
찬영	그건 아니고. 힘들면 카트만 타든가. 어때? 좋지?
미조	너. 그 멘트들 누가 줬어?
찬영	뭐가….
미조	골프장에 한 번도 안 가본 사람 멘트는 아니지 싶은데.

| 찬영 | 야. 참나… (흔들리는 눈빛) 인스타만 털어도 다 알아. |

인서트/
선우 같이 가요. 사방이 잔딘데 산책한다 생각하고.
　　　힘들면 카트 타고 다녀도 기분 전환되고 좋아요.
　　　(착한 싱긋) 같이 가요.

미조, 의심의 눈빛을 거둘 수 없다.

주희	난 못 가.
찬영	놀잖아 너.
미조	집에서 뭐 해 심심하게.
주희	나 취직했는데?
미조, 찬영	뭐??
주희	나 여기 알바해.

미조와 찬영. 가만있어보자… 이건 남는 장사 같은데…?

찬영	야… 처음으로 니가 올바른 선택을 했어.
	어떻게 이런 기특한 생각을 했어?
미조	큰 그림 그린 거 같은데?
주희	헛소리 좀 하지 마.
미조	그럼 여기서 놀자. 골프는 뭘….
찬영	주희 못 가면 셋이 가지 뭐.
미조	셋이라니.

전화하는 찬영.

찬영 부킹했어요? 딱 좋네 춘천!

전화 끊고,

찬영 사랑하는 선우 씨랑 너랑 나랑. 춘천이래. 아 졸라 설레~!!

미조는 어이가 없다. 현준이 순한 누룽지탕을 내온다.

현준 선우 형 골프 잘 칠걸요?
미조 진짜?
현준 미국에서 심심할 때 뭐 했냐고 물어봤는데… 거의 골프 친다고 그랬어요.

찬영, 미조의 타오르는 눈빛을 본다.

찬영 저 눈깔 봐 저거. 왜 또 파이팅이 돋구 그래~!!
미조 몇 타 치는지 알아요?
현준 (놀란다) 싱글이 뭐예요? 잘 치는 거예요?
미조 싱글이요!!!!

21. 골프 연습장 (밤)

선우가 불굴의 의지로 연습 중이다.
내일이 없는 것처럼 맹훈련 중이다.

엄청난 드라이버 샷! 뿌듯한 선우.

선우 남잔 비거리지.

미조와 찬영이 걷고 있다.

찬영 골프채 렌트 되지? 사기도 뭐 하잖아. 내년엔 못 칠 건데.
미조 아유 증말…. 나, 안 가. 무슨 골프야.
찬영 아 왜!!
미조 나중에 갈 거야.
찬영 나중에 나 죽으면?
미조 왜 그래 너 진짜! 말 그렇게 할 거야!
찬영 너야말로 왜 그래. 왜 나 때문에 좋아하는 거, 땡기는 거 다 모른 척해?
미조 …. 내가 알아서 해.
찬영 …. 미조야.
미조 ….
찬영 그냥 흘러갔으면 좋겠어.
미조 (땅을 본다)
찬영 똑같은 일상이 흘러갔으면 좋겠어. 니가 그러면… 더 도드라져.
      내가 지금 어떤 상황인지 툭툭 걸린다고.
미조 …. 그래 쳐. 렌트 안 해도 돼. 집에 골프채 여유 있어.
찬영 (좋다) 나 생각보다 잘 치면 어쩌냐?
미조 입으로 치면 니가 싱글이지.

피식 웃으며 걸어가는 두 사람.

미조   주희 삐지는 거 아니야? 은근슬쩍 자기 뺀다잖아 우리가.
찬영   사장님 퇴근 안 하셨는데 알바가 남아야지.
미조   여자 친구 있다는데 너무 힘주지 마. 주희 아닌 척하면서 기대해.

찬영이 걸음을 멈춘다.

찬영   솔직히 말해봐… 주희, 빠지냐? 셰프 여친보다?
미조   나이 빼면 빠질 거 없지.
찬영   거 몇 살 많은 게 죄는 아니잖아~!
미조   주희 신경 쓰지 말고 니 컨디션이나 챙겨.
찬영   나 요즘 컨디션 좋아.
미조   (걱정) 아프진 않아?
찬영   어쩔 땐 내가 정말 암인가 싶어.

미조와 찬영 다시 걷는다.

찬영   주희는 이제 전장에 들어갔으니 알아서 할 거고.
           야, 내가 원장님한테 물어봤거든?
미조   뭘.
찬영   너 친엄마 말이야.

미조, 걸음을 멈추고 찬영을 본다.

미조   왜~!

찬영	내가 말했잖아. 주희는 남친 만들어주고 넌 엄마 찾아줄 거라고.
미조	부질없게 뭐 하러!
찬영	…. 너 평생 궁금하잖아.

미조, 마음을 들킨 거 같아 막 걸어간다.

찬영	(미조 팔짱을 끼며) 안 궁금해? 원장님이 뭐라고 했는지?
미조	안 궁금해.
찬영	진짜?
미조	뭐! 뭐라는데!
찬영	(씩 웃는다) 그때 그 실로암분식 메모 말이야. 그거 보고 니가 찾아 나선 거잖아. 고척동 실로암분식.
미조	….
찬영	그때 연락이 한 번 왔었대. 거기서 일한다고. 그래서 적어둔 거라던데?
미조	아니라잖아. 주희 엄마가 거짓말 하셨겠어?
찬영	그러니까. 하… 이 숙제는 어렵다.

둘이 좀 걷다가.

미조	넌 왜 없어?
찬영	뭐가.
미조	버킷리스트 그런 거. 나랑 주희 말고 너 하고 싶은 건 왜 없냐고.
찬영	난 뭐… 그다지.
미조	거짓말하지 마. 다 있어, 왜 없어?

찬영, 뭔가 마음에 툭 걸린다. 생각이 깊어진다.

미조   택시 잡자.

택시를 기다리는 미조와 찬영.

23.   차이나타운 안 (밤)

주방에서 함께 정리하는 현준과 주희.

현준   그냥 가시라니까….
주희   사장님한테 잘 보여야죠.

현준, 웃는다.

주희   아 그리고. 저 여기 알바하는 거 우리 엄마한테 아직 비밀로 해줘요.
현준   자주 오시는데 금방 들킬걸?
주희   우리 엄마 중식 안 좋아하는데 왜케 자주 와….
현준   빨리 불어요. 여기서 등짝 스매싱 맞지 말고.
주희   우리 엄마 손 매운데… 하….

걱정이 밀려오는 주희.

현준   내가 스카우트했다고 할게요. 서비스업의 여왕님 모셔왔다고.
주희   안 먹힐걸요. 일단 한 대 맞고 말지 뭐.

그릇을 정리하는 현준과 주희.

진석 집 안방 (밤)

선주가 화장대에 앉아 있다.
화장대 위엔 이혼 서류가 있다. 진석의 서명이 돼 있다.
받아들일 수 없는 선주. 전화를 건다.

25. 챔프엔터 대표실 (밤)

대본을 읽고 있는 진석. 노크 소리 들린다. 보면 남자 직원.

진석   왜 아직.

남자 직원 시나리오 읽을 게 있어서요. 대표님 퇴근 안 하세요?

진석   이거 마저 읽고 가려고.

남자 직원 저도 그거 읽느라. 어떠세요? 민아가 하기엔 캐릭터 좀 세지 않아요?

진석   거칠긴 한데… 이런 캐릭터 한번 해봐도 좋을 거 같은데? 민아는 뭐래.

남자 직원 아직 안 줬어요. 대표님 의견 듣고 움직이려고요.

진석   내일 같이 얘기 좀 하지 뭐.

남자 직원 네. 저 그럼 들어갈게요!

진석   오늘은 한잔 안 하냐? 깜박하는 날도 있다?

남자 직원 설마요. 지금 합류하러 갑니다~!

진석, 그럼 그렇지 웃으며 인사한다. 다시 시나리오 읽으려는데 전화가
울린다. 보면, 선주다.

진석   응.

26.   진석 집 안방 (밤)

선주 날카롭다. 그러나 좀 두려워하는 야윈 모습도 있다.

선주   나 사인 안 해. 힘 빼지 마.

27.   챔프엔터 대표실 (밤)

동요하지 않는 진석. 차분하다.

진석   그래. 그럼 변호사 통해서 정리하자.

전화를 끊고 다시 시나리오 읽는 진석.

28.   미조 집 거실 (밤)

미조, 박싱해둔 골프 용품을 풀어낸다.
베란다에서 쓰지 않는 클럽들도 챙겨 나온다.
얼추 구색을 맞춰 오래된 클럽 백에 담는다.

29.   24시 빨래방 (밤)

찬영이 빨래 돌아가는 걸 바라보고 있다.

다른 청년 손님도 빨래를 기다리고 있다. 청년의 이어폰에서 음악 소리
가 넘어온다.
찬영은 물끄러미 빨래가 돌고 도는 걸 본다.

찬영   세탁기 안 사길 잘했다….

30.   24시 빨래방 앞 (밤)

운전하는 진석. 무심코 본 빨래방에서 찬영을 발견한다. 어….
반가운 마음에 차를 세우고 전화를 건다.
찬영이 전화받는 모습이 보인다.

진석   어디야?
찬영(F) 빨래방.
진석   (장난) 오빠 트렁크에 빨래도 좀 가져가지!
찬영(F) 오빠 니가 내 수발을 들어야지, 내가 니 수발들어야겠어?
진석   오케이! 이제 빨래 내가 할게! 안 심심해? 나랑 같이 가지.

진석, 차에서 내리려는데.

찬영(F) 이상해.

진석, 내리려는 걸 잠시 멈춘다.

찬영(F) 나 빨래방 되게 지루했거든. 돌려놓고 밥 먹든가 커피 마시든가… 그랬

거든. …어쩌자고 이게 다 재밌냐.

진석, 턱… 마음이 받친다. 슬픔이 받친다.

찬영(F)   빨래 다 됐다. 나중에 통화해.

하지만, 빨래방 안 찬영은 꼼짝하지 않는다. 세탁기 시간이 남아 있다.
찬영은 고개를 숙인 채 고요하다. 잠시 후 어깨가 흔들린다.
울고 있는 찬영을 바라보는 진석. 운전석에 앉아 함께 울고 있다.

31.   찬영 집 침실 (밤)

찬영이 진석의 팔을 베고 잠들어 있다.
진석은 잠들지 못한다. 찬영을 꼭 안아 준다.

32.   온누리보육원 원장실 (낮)

마당에 산책 중인 소원을 바라보는 원장.
손에는 돈 봉투가 들려 있다. 생각이 많은 원장의 얼굴.

33.   제이피부과 실장실 (낮)

미현은 방긋. 미조는 어이없어 미현을 보고 있다.

미조	선우 샘을 왜 우리 집에 데려가?
미현	뭘 의미를 둬? 그냥 밥이나 같이 먹자는 거지.
미조	의미 두는 얼굴이잖아 지금.
미현	이 병원에 차 교수님, 즉 너의 부친 퇴직금이 살짝 녹아 있는 거 알지.
미조	치사해 증말.
미현	비록 소액이지만! 이 병원에 도움 주신 분께서. 이 병원에 뉴 닥터가 왔는데. 인사 한번 하자는 게 이상해?
미조	매우 이상해.

미현, 아 진짜….

미현	니들 사귀잖아!!!
미조	(헉… 밖을 보며) 목소리 낮춰 쫌….
미현	니늘이 뭐 고딩이야 뭐야. 야 요즘은 중딩들도 양가 오가며 연애해!
미조	하… 내가 말을 말자 정말….
미현	오늘 같이 데꾸 가자~! 엄마가 갈비 잰데!
미조	됐어. 말 꺼내기만 해 그냥.
미현	그럼 언제 인사할 건데!
미조	언니 결혼할 때. 됐냐?

미조, 나간다. 미현 약 오른다.

미현	그럼 뭐 평생 인사 안 오겠네!!

텄다. 전화를 건다.

미현   엄마, 나랑 미조만 간다. 그래도 갈비는 낼 거지?

선우가 커피 잔 들고 들어온다. 차트를 확인 중이던 미조 자기도 모르게 활짝 웃는다.

선우   연습 좀 하고 있나~?
미조   골프를 그렇게 잘 친다는 소문이 있던데.
선우   그냥 뭐 툭~ 치면 나가는 게 볼이죠.
미조   (약이 좀 오른다) 젤 어려운 게 힘 빼는 건데, 그냥 툭~ 치는 거면 볼 좀 치시는 분이네.
선우   유학까지 가려고 했던 분 앞에서 조심스럽네요.

풉 웃는 선우.

선우   내일 차 한 대로 이동하면 되겠죠? 내가 미조 씨 집 들러서 찬영 씨 픽업하면 되겠다. 주희 씨는 일정 있다면서요.
미조   찬영이 괜찮을까 모르겠어.
선우   컨디션 봐서 나인홀만 치죠 뭐.
미조   (끄덕끄덕 웃는다)

선우, 골프공 한 상자를 내놓는다.

선우   내일 이 볼로 쳐요. (쿨하게 돌아서다가) 시간 되면 하나 꺼내 보든가.

선우, 멋짐 풍기며 나간다. 미조, 왜 저러지… 피식.
차트를 다시 보려다가 골프공 상자가 궁금하다.
상자에서 공을 꺼내보는 미조. 하…. 너무 웃긴다. 볼 하나하나 글귀를
적어 넣은 선우.
'버디해 미조' '많이 아낀다' '선우가 좋다고?' 등등….

미조   (좋으면서도) 챙피해서 꺼내지도 못 하겠구만.

볼을 다시 넣는 미조.

인서트/
선우 집 식탁. 실패한 볼이 한가득 쌓여 있고.
선우는 한 글자… 한 글자… 신중하다가.

선우 *아 씨….*

실패한 볼 쪽으로 툭 던져놓고 다시 새 공을 꺼내 네임 펜 들고 후… 심
기일전.

35.   연기 레슨실 (낮)

찬영이보다 조금 어려 보이는 여배우가 레슨받으러 와 있다.
찬영은 다른 때와 다르게 초조해 보인다. 무의식중에 다리를 달달 떨고
있는 찬영.

여배우	오디션 날짜를 갑자기 바꾼 거예요. 당장 내일이라는데 어떡해요 선생님?
찬영	….
여배우	형사 역할은 한 번도 안 해봤는데 큰났어요!
찬영	(다리만 달달달)
여배우	선생님?
찬영	나 레슨 못 해.
여배우	네? 왜요??
찬영	이번엔 혼자 준비해라. 아님 다른 선생님 소개해줄게.
여배우	제가 뭐 잘못했어요 선생님? 왜요 갑자기….

FB *(7화 S#22)/*
미조 넌 왜 없어?
미조 버킷리스트 그런 거. 나랑 주희 말고 너 하고 싶은 건 왜 없냐고.

*/*찬영, 떨던 다리를 멈춘다.

찬영	나도 이거 오디션 볼 거거든.

여배우, 헐… 어이없어하고. 찬영은 매우 진지하다.

36.   차 교수 집 길 (밤)

미현의 자동차를 타고 이동하는 미조와 미현.
앞에 차 교수가 음료수를 사서 걸어가고 있는 게 보인다.

미현	엄마 또 콜라 사 오라고 했나 보다.
미조	(씩 웃더니) 내려주라.
미현	아빨 태워 그냥.
미조	아 내려줘~!
미현	앙탈을 왜 여따 부리냐! 니 남친한테 해 그런 거!

하면서도 차를 세운다. 미조 얼른 내려 차 교수에게 달려가 팔짱을 낀다.
차 교수 놀라서 본다. 미조를 확인하고 엄청 좋아한다.
이들을 지나쳐 가는 미현의 자동차.

미현	아빠 빨랑 오셔~!

미현이 간다. 미조와 차 교수 걸어간다.

미조	콜라?
차 교수	니 엄마는 장 보면서 꼭 하나씩 놓치드라. 그래놓고 꼭 날 시켜.
미조	일부러 그런 거 같지?
차 교수	이쯤 되니까 의심은 들어.

미조, 차 교수 팔짱을 더 꼭 낀다. 좋다.

미조	아빠.
차 교수	어.
미조	나… 이 와중에 남친 생겼다?

차 교수, 걸음을 멈추고 미조를 본다. 신난 얼굴이다.

미조	주책이지 좀.
차 교수	뭐가 주책이야?
미조	친구는 아픈데… 남자 친구가 생겼잖아.

차 교수, 미조의 손을 잡는다. 손을 흔들며 걸어가는 차 교수.

차 교수	찬영이가 서운해해?
미조	아니. 그런 애 아니야. 그냥 내가…
차 교수	니가 눈치 보인다는 거잖아?
미조	…. 비슷해.
차 교수	나 정년퇴직하고 집에 있는데 엄마는 친구들이랑 참 잘 놀러 다녀. 그래서 나랑 엄마가 아직도 잘 사는 거야.
미조	…. 무슨 말이야?
차 교수	각자 지 하고 싶은 거 하고 사는 게… 존중이라고.

차 교수, 미조 손을 휙휙 흔들며 걸어간다.
미조, 차 교수의 말이 마음에 들어온다.

차 교수	위스키 까자.
미조	나 못 마셔. 낼 라운딩 가.
차 교수	뭐야… 오랜만에 갈비 쟀는데!
미조	존중이라며~!
차 교수	미현이랑 까야겠다!

같이 신나게 손을 흔들며 걸어가는 미조와 차 교수.

선우와 미조 라운딩 가는 중이다. 미조는 뚱하다.

선우   (미조 눈치 보며) 멋지네요 찬영 씨. 오디션 당연히 붙지 뭐.
미조   ….
선우   영화관에서 찬영 씨 출연한 거 보면 기분이 어떨까? 아, 드라만가?

미조, 대꾸 없이 전화를 건다.

미조   내가 같이 갈까? 오디션 혼자 가는 거 좀 그렇잖아.

선우, 아이고….

찬영, 샤워한 모습으로 통화 중이다.

찬영   니가 엄마야? 야, 엄마도 오디션 보는데 안 따라와. 쪽팔리게…
미조(F) 밖에서 기다리면 되잖아!
찬영   진석이 오빠랑 갈 거고. 차미조. 잘 들어. 너 만약에 라운딩 째고 나타나
        잖아? 절교야 너!! 나 감정 깨져, 끊어!

진석이 평상복 차림으로 불안해 보인다. 소파에 앉아 다리를 떤다.

찬영	준비 안 해?
진석	나 오늘 회사 회의 있거든. 차 실장 오라 그랬어. 벤 타고 가.
찬영	오빠가 데려다줘야지!
진석	나 회의… 있다니까….
찬영	지랄… 회사에 전화해본다?
진석	아 그냥 안전하게 큰 차 타고 가! 차 실장 운전 잘해!

찬영, 진석 앞으로 와 낮게 앉는다. 진석의 초조한 얼굴을 올려다본다.

찬영	쫄았냐?
진석	아니야.
찬영	쫄았는데 뭐.
진석	그래 쫄았다. 그니까 차 실장이랑 가.
찬영	아직도 오빠 탓 같아?
진석	…. (다리만 덜덜덜…)
찬영	다리 떨지 마. 복 나가.
진석	더 나갈 복도 없어.
찬영	가자. 나랑 같이 가줘라. 나 떨려.
진석	….
찬영	오빠랑 가면… 더 잘할 거 같아. 가서 응원해주라.

진석, 찬영을 바라본다. 어쩌지…. 찬영이 이쁘게 웃는다.

| 진석 | (벌떡 일어나며) 가! 가면 되지!! |

욕실로 가는 진석. 찬영이 그 모습을 보며 다행이다 싶다.

39. 골프장 티 그라운드 (아침)

미조와 선우가 티샷 기다리는 중이다.

선우   우리가 지금 네 명 그린피를 내고 치는 거 명심해야 돼. 집중하라는 거
       지. 두 배로 신나게!

미조   찬영이 오디션 잘 보겠지?

선우   미조 씨가 재밌게 즐겨야 찬영 씨도 맘 편하다니까… 오늘 찬영 씨 특명
       받고 온 건데 이럴 건가?

미조   (그래… 즐기자) 그래요. 집중해서. 버디 몇 개 보여줄까요?

선우   나 버디하는 거 보고 정해봐요.

미조   아하….

선우   내기하자! 저녁 사는 거. 콜?

미조   비싼 거 먹자!

선우   본인이 낼 건데 편하게 정해요.

미조, 선우 설레발에 웃음이 난다.

캐디   남자 고객님 준비하실게요.

선우, 드라이버 들고 비장하게 티 그라운드로.
미조, 좀 궁금해하며 지켜본다.
선우, 연습 스윙을 살벌하게 한다.
드디어… 티샷!!! 엉뚱한 곳으로 날아가다 떨어지는 초라한 볼.
미조, 풉…. 웃음 겨우 참는다.
선우, 진심 당황해서 미조를 본다.

캐디	긴장하셨네… 하나 더 치고 가세요.
미조	(정색) 명랑 골프도 아니고 그런 게 어딨어요.
캐디	그럼 레이디 티로 이동할게요~!

미조를 태운 카트가 간다. 선우 드라이버 들고 매우 당황스럽다.

선우	힘이 너무 들어갔나…. (계속 갸웃)

40.   온누리보육원 원장실 (낮)

커피를 마시는 원장과 소원.

원장	난 커피는 믹스가 좋드라. 아메리카노보다 맛있어.
소원	엄마도 이거 좋아했어요. 미국에서도 이거 왕창 주문해서 쌓아두고 드셨는데.

소원, 옛날 생각에 아련히 웃는다. 원장, 망설이다가 묻는다.

원장	소원아.
소원	네?
원장	무슨… 일이 있었는지. 얘기해줄 수 있을까?
소원	(당황) 딱히….
원장	내가 널 다 아는 건 아니지만… 적어도… 성인이 되어서 파양해달라고 뛰쳐나올 아이는 아닌 거 같거든. 굳이 아버지가 준 돈을 지금 돌려주려는 것도 좀… 내가 너무 예민한 건가…?

소원	…. 그냥… 별거 없어요. 엄마 돌아가시니까 좀….
원장	피아노는 왜 안 쳐… 여기서 아이들 피아노 가르치면 좋잖아.
소원	피아노는 이제 안 쳐요….
원장	왜 그래 소원아. 무슨 일인거야….

소원, 말하지 않으려 하는데, 눈빛은 이미 심하게 흔들린다.

41. 골프장 (낮)

미조의 아름답고 시원~한 티샷! 선우, 헐…. 어쩌지.
미조, 선우를 보며 왜, 당황했어? 하는 눈빛.

42. 교도소 안 공중전화 부스 (낮)

60대 여자 수감자의 뒷모습. 공중전화로 전화를 걸고 있다.
얼굴이 보여진다. 프롤로그의 여자, 경숙이다. 미조의 친모다.

경숙	안녕하셨어요? 그냥 어떻게 사시나… 안부도 궁금하고….

43. 골프장 (낮)

미조의 어프로치. 정확하게 떨어지는 볼.
선우도 핀에 가까이 볼을 붙인다. 서로 올~ 보고 웃는다.

차 교수 집 주방 (낮)

커피를 내리던 미조 모가 다소 긴장한 얼굴로 통화를 한다.

미조 모   안녕하세요. 저희야 뭐 다 잘 지내요. 건강은 어떠세요….

일상적인 안부를 묻는데 표정은 불안하고 부자연스럽다.

45.   교도소 안 공중전화 부스 (낮)

뻔뻔하게 통화를 이어가는 경숙.

경숙   여기도 사람 사는 데라 여유 있으면 건강하고… 없으면… 허기지고 그
러네요. 지민이는 잘 살죠? 결혼은 안 하나…? (듣는다. 반색) 매번
참… 감사하네요. 저야 그래주시면 지내기 수월하죠.

별로 고맙지 않은 얼굴이다.

46.   골프장 (낮)

퍼팅그린. 미조가 볼을 놓는다. 선우, 장난기가 발동한다.

선우   진짜? 왼쪽 더 안 봐요?
미조   (흔들린다) 더?

선우   왼쪽 좀 봐야 될 거 같은데?

미조, 볼을 다시 놓는다. 신중하게 퍼팅. 볼이 흘러버린다.
선우를 확 째려보는 미조. 선우, 깔깔 웃는다.

선우   소신이 있어야지….

선우, 자신의 볼은 딸그랑… 인한다.
미조, 와 씨… 열받는다.

식탁에 앉아 핸드폰으로 이체를 하는 미조 모. 이경숙에게 영치금을 보
낸다. 보내고 잠시 창밖을 바라보는 미조 모. 담담하다.
차 교수 거실 지나가다 미조 모를 본다.
미조 모의 가라앉은 표정을 보더니 다가와 맞은편에 앉는다.

차 교수   안 좋아 보인다 당신?
미조 모   (서글프게 웃고) 전화가 왔네.
차 교수   …. 올 때 됐다 했더니.
미조 모   요즘 들어 부쩍 미조 안부를 물어.
차 교수   부모니까. 궁금하겠지.
미조 모   미조를 지민이라고 부를 때마다… 가슴이 철렁해 여보.

기분이 많이 가라앉는 차 교수 부부.

골프장 (낮)

다시 티 그라운드. 미조가 드라이버를 친다.
심한 슬라이스가 나는 공. 선우 격렬하게 박수를 치며 약 올린다.

선우   나이스 오비~!!

미조, 와 이런다고….

미조   멀리건 줘. 하나 더 칠게.
선우   (정색) 명랑 골프도 아니고 모양 빠진다 차 원장. (캐디에게) 우드 주세요!

미조, 열받는다.

49.   온누리보육원 원장실 (낮)

커피 잔을 잡은 손이 부산하다. 입이 마르는 소원, 원장을 바라본다.
심하게 갈등하는 소원.

원장   소원아….
소원   그렇게 해달라고….
원장   그렇게라니.
소원   (겁이 많은 아이 같은 눈빛… 고이는 눈물) 파양을… 원한다고… 해달
          라고.

원장, 너무 놀라는 얼굴. 손이 떨린다.
소원은 그때 생각에 깊은 슬픔에 고개를 들지 못한다.

넓은 그린을 나란히 걸어가는 미조와 선우.
간간이 이야기하며 크게 웃기도 하고. 선우가 장난도 치고.
미조와 선우의 손이 닿을 듯 말 듯… 선우, 미조의 손을 잡는다.
미조, 선우의 손을 본다. 하늘도 좋고 그린도 푸르고. 선우의 손도 좋다.
손을 잡기도 하고, 툭 치면서 장난도 치며.
그렇게 그린으로 걸어가는 미조와 선우, 두 사람 아직은… 행복하다.

제작사 회의실. 감독과 관계자 두엇이 오디션을 진행 중이다.
카메라가 설치되어 있다.
찬영이 긴장해서 앉아 있다.

감독   (난감한 얼굴) 연기 선생님을 오래 하셨네요.
찬영   꽤 했죠…? (어색하게 웃는다)
감독   역할이 크지 않은데 괜찮겠어요?
찬영   너무 큰 역은 주셔도 못해요.

감독, 뭐지 저 여자. 찬영은 의연하려 애쓴다.

감독	오시기 전에 아는 배우들한테 좀 물어봤는데. 실례라면 죄송합니다.
찬영	아닙니다. 전혀요.
감독	좀 그렇더라고요. 유명한 배우들 꽤 선생님 레슨실 다니던데 굳이 여길.

감독, 난감해서 웃는다.

찬영	남기고 싶어서요.
감독	?
찬영	처음부터 연기 선생님이 돼야지 생각할 리가 없거든요. 저도 연기자가 되고 싶어서 시작했는데… 쉽지가 않았어요. 기회가 있었어도… 제 개인 사정으로 놓치고….

52. 회상 — 자동차 안 (낮)

20대 후반의 찬영과 진석. 찬영은 잔뜩 긴장해서 계속 거울을 본다.

진석	내가 니 매니저냐고. 회사에서 차 나오고 매니저 붙여줬는데 왜 바쁜 나를 찾냐고!
찬영	첫촬이잖아. 니가 가야지.
진석	아까운 월차를 니 첫촬에 쓰면 놀러 갈 땐 뭐 결근하냐?
찬영	맞지도 않는 라면 회산 왜 다녀? 느그 아버지 뭐하시노? 예, 진사라면 회장님입니다. 아 그래? 라면 좀 끼리도!
진석	여기서 왜 남의 집 사연이 들어오나?
찬영	떨려서 그래 떨려서.
진석	나한테 하듯이 하면 껌이….

이때, 정면으로 들어오는 승합차. 그대로 진석의 자동차를 덮친다.

현재 — 오디션 장 (낮)

찬영, 아무런 후회 없이 차분하게 말을 이어간다.

찬영   이 일이… 좋아요. 그래서 근처에서 맴돌다 보니까 연기 선생님이 돼 있
       더라구요. 한 명만, 이번에 저 친구만… 그러다 서른아홉이나 나이를….
       (소탈하게 웃는다) 좋은 작품에 제가 담겼으면 좋겠어요. 더 늦기 전에.
감독   서른아홉. 배우하기 딱 좋은 나인데? 자 그럼… 준비한 거 좀 보여줘요.
찬영   네!

찬영, 대본을 한 번 더 보며 집중한다.

54.   주차장 진석 자동차 안 (낮)

자동차 안에서 안절부절인 진석. 핸드폰을 꼭 쥐고 있다.
핸들에 머리 박고 다리만 달달달… 이때 창문을 따닥! 두드리는 소리.

진석   아씨 깜….

보면 찬영이다. 찬영, 문을 열고 조수석에 탄다.

진석   잘했어?

찬영	얼굴이 그게 뭐니. 우리 엄마가 나 수능 볼 때 딱 그 얼굴이었는데.
진석	연기 잘했어? 안 절고 잘했냐고!
찬영	절 게 뭐가 있어. 갈수록 연기 참 잘해 정찬영.
진석	됐구나!
찬영	연락 준대.
진석	뭐야….
찬영	당황하더라고?

55.   회상 — 오디션 장 (낮)

감독의 흡족한 얼굴.

감독	조 형사 역할 임자 만났네. 오디션 그만 보자 조감독.
찬영	감사합니다!!
감독	일정은 조감독이랑…
찬영	근데 저기….
감독	?
찬영	제 분량은 좀 앞 단에 찍을 수 있을까요?
감독	(뭐지 이 여자…?)
찬영	여주도 아닌데 죄송합니다. 실은 제가 저기… 얼마 못 산대요.

일동 멍… 농담인가? 뭐지?

| 찬영 | 제가… 암이래요. |

일동 정말 멍….

찬영   (멋쩍게 웃으며) 가지가지 하죠…?

56.   현재 — 주차장 진석 자동차 안 (낮)

진석과 찬영 웃음이 터졌다.

진석   그 사람들 멘탈 털렸겠어.
찬영   숨길 순 없잖아. 그치?
진석   그치.
찬영   가자! 졸리다 긴장 풀려서.
진석   (시동을 켜며) 잘했~어! 가자!

기분 좋게 출발하는 진석과 찬영.

57.   진석 집 거실 (낮)

선주, 차가운 얼굴로 통화 중이다.

선주   그 여자. 부모님 거처 알아봐줘요. 당장.

선주, 날을 세운다.

정가네일품밥상 마당 (낮)

마당을 쓸고 있는 찬영 부.
찬영 모가 과자를 들고 나와 찬영 부 입에 넣어준다.

찬영 부	기분이 그렇게 좋아? 노처녀 딸내미 동거한다는데?
찬영 모	모른 척해. 요즘 뭐 다 살아보고 식 올리더라.
찬영 부	뭐하는 놈인지도 모르면서 식 올릴 생각은….
찬영 모	뭘 따져. 찬영이 좋다는 사람이면 얼른 실려 보내야지.

기분이 좋은 찬영 모와 찬영 부.

59. 선우 자동차 안 (낮)

선우, 운전하고 있다. 미조와 이동 중이다.

선우	차이나타운으로 가면 되나?
미조	하루가 멀다 하고 모여. 장주희 퇴사했다고 모여… 정찬영 오디션 봤다고 또 모여. 아지트 되겠어.
선우	주희 씨는 회사 왜 그만둔 거래요?
미조	진상 손님 때려잡고 그만뒀대요.
선우	친구들이 다 한 칼 있어! 멋있어!

이때 선우의 핸드폰이 울린다. 이어폰으로 받는 선우.

선우   (반갑다) 원장님!! 네, 별일 없어요. 잘 지내시죠? (듣다가) 네? 아…
           네… 그랬구나… 혼자 고생했겠네… 네. 네 원장님. 소원이랑 통화해볼
           게요. 네. 네….

선우, 갑자기 생각이 얽힌다.

미조   온누리 원장님?
선우   …. 소원이가 집 정리하고 보육원으로 왔다고….
미조   갑자기?
선우   …. 흠….

미조, 무슨 일이지….

미조   가봐요. 소원 씨 만나봐. 궁금하다.
선우   아무래도… 가봐야 될 거 같다.
미조   나 여기서 내려줘요 택시 타고 갈게.
선우   차이나타운에서 내려요. 어차피 지나가야 돼.

선우, 어쩌지… 마음이 복잡하다.
미조도 좀 걱정이 된다.

60.   촌스러운 커피숍 (밤)

선우가 커피를 앞에 두고 생각이 많은 얼굴로 앉아 있다.
문이 열리고 원장이 들어온다. 일어나는 선우.

원장	괜히 전화해서 바쁜 사람 오게 만들었나 보다.
선우	쉬는 날인데요 뭐. …제가 마음이 복잡해서 소원이 좀 볼까 해서 왔어요. 보육원으로 가도 되는데. 애들 자는 시간이죠? 소원이는…
원장	소원이 너 온 거 몰라.

선우, 뭔가 불안하다.

61. 차이나타운 안 (밤)

미조, 찬영, 진석이 식사 중이다.
찬영에겐 순한 음식이 놓여 있다. 현준이 함께 앉아 즐겁게 대화중이다.

진석	요리가 다 맛있네요. 나만 이제 와보는 거지?
찬영	그래? 아… 그렇네.
현준	이제 자주 오세요. 맛있게 만들어 드릴게요.

진석, 감사하다는 마음으로 싱긋. 다시 열심히 먹다가.

진석	선우 잘 쳤어?
미조	100타 넘었어.
진석	선우 진짜 100타 넘었다고? 일이 생겨서 간 게 아니라 쪽팔려서 도망갔네.
미조	(현준에게) 싱글이라면서요.
현준	형이 이제… 미조 누나 만나기 전엔 싱글이었다… 그 말인 거지.
주희	(야무지게) 현준 씨가 틀린 말 한 건 아니네.

미조와 찬영, 와… 뭐냐 주희. 주희, 얼결에 나온 말에 민망하다.

미조   정찬영 넌… 으이그 정말. 어쩌자고 거기서 그런 말을 해! 일단 스케줄
       나오면 상의하지! 뭐하러 다 된 밥에 시한부를 뿌리니!
찬영   그 밥 푸기 전에 불어야지!

모두 에이 진짜…. 현준만 품… 웃음이 터진다.

현준   죄송합니다.
찬영   거봐, 너 때문에 웃잖아.
미조   나 진지한데?
현준   저도 진지합니다. 진지 드세요 누나.

품…!!! 유치한 개그에 모두 절레절레.
진석, 웃어주고 싶은데 힘들다.
찬영이 박수를 빡빡 친다. 또 왜… 모두 찬영을 본다.

찬영   요 멤버 딱 좋다! 정기적으로 모이자. 일주일에… 일곱 번?

찬영의 농담에 분위기 더 좋아지는데.
이때, 문이 거칠게 열리며 혜진이 들어온다. 단단히 화가 난 얼굴이다.
미조 일행들을 보더니 더 짜증이 팍 오르는 거 같다.
현준, 혜진이 오자 반가워하며 의자를 빼며.

현준   어떻게 딱 알고 왔네! 이리 와 이리 와!

찬영, 아씨···. 주희, 쩝··· 미조, 에이···.

혜진   오빠 잠깐만.

혜진, 돌아서 나간다. 뭔가 분위기 안 좋다. 현준 어색해하며 나간다.

찬영   다 된 밥에 여친 뿌리기네.
미조   분위기 살벌한데?

주희, 신경이 쓰인다. 모두 유리 밖 현준 커플을 슬쩍슬쩍 본다.

62.   차이나타운 앞 (밤)

혜진 화가 단단히 났다.

혜진   왜 말 안 했어?
현준   (갑자기···) 무슨 말···?
혜진   나 엄마랑 한국호텔에서 밥 먹었어. 중식당에서!
현준   (감이 온다)
혜진   매니저님이 인사하더라? 현준이 좀 달래보라고 그러더라!!
현준   혜진아 그게···.
혜진   다시 오라 그랬다며··· 오면 수석 셰프라며!!
현준   여기도 오빠가 수석 셰프잖아···. (웃는다)
혜진   같아? 호텔 레스토랑이랑··· 이 동네 중국집이랑 같아!!

현준, 현타 맞는다. 혜진의 거친 표현에 마음이 쿵….

혜진   오빠 나 안 좋아하지?
현준   무슨 말이 그래. 내가 왜 널 안 좋아해….
혜진   오빠가 내 생각 조금이라도 한다면!! 당장 갔어야지… 중국집 사장이 아
          니라… 호텔 셰프가 돼주면 좋잖아… 이게 뭐야 정말…!!
현준   …. 많이 별로였구나…?
혜진   사실 그렇잖아. 당연한 거잖아.

현준, 혜진의 공격에 크게 상처받는 얼굴이다.

미조(N)   문득 불편한 진실을 만났을 때 당황하는 이유는 진실 때문이 아니다.

63.   정가네일품밥상 안 (밤)

장사를 마치고 정리 중인 찬영 모와 찬영 부.
문이 열리고 선주가 들어선다. 높은 힐. 우아한 차림.

찬영 부   영업 끝났는데… 어쩌죠?
선주   정찬영 씨. 부모님이시죠?

뭔가 기분이 쎄한 찬영 모의 얼굴.

미조(N)   꼭꼭 눌러두고 살지만, 저 밑바닥에 꿈틀거리는 불길한 무엇을 기어코
          만나게 되었기 때문이다.

차이나타운 밖 (밤)

말없이 테이블을 치우는 현준이 보인다.
주희가 차 한 잔을 내준다. 잠시 앉으라고 하는 거 같다.
앉아서 찻잔을 쥐는 현준. 주희가 좀 떨어져 앉아 뭔가 이야기한다.
위로를 하는 듯… 현준도 뭔가 이야기를 한다.

65. 주희 집 근처 길 (밤)

미조가 혼자 걸어가고 있다. 앞에 주희 모가 온다. 우연히 만나 반가운
미조.

주희 모   니들 또 한잔했니?
미조   네. 흐흐… 술 깨게 엄마 모셔다 드려야겠다.

주희 모의 팔짱을 끼고 걸어가는 미조.

미조   엄마.
주희 모   (본다)
미조   나… 꼭 물어보고 싶은 게 있었어.
주희 모   뭐…? (불안하다)
미조   내가 분명히 봤거든요. 실로암분식. 내 서류에. 내 친모가 엄마 분식
          집에서 일했다고 하는데… 아니지? 찬영이가 자꾸 캐잖아. 자긴 아프
          면서 왜 내 걱정인지 몰라. 아니지 엄마? 찬영이 그만하라고 말 좀 해
          줘요.

주희 모, 걸음이 멈춰진다. 다리에 힘이 풀린다. 미조, 뭔가 있구나….

66.   택시 안 (밤)

찬영과 진석이 귀가 중이다.
뭔가 이야기하고 웃고… 찬영이 좀 힘들어 보이자 어깨를 내주는 진석.

67.   정가네일품밥상 안 (밤)

선주와 마주 앉은 찬영 부모.

선주   두 분 따님이… 제 남편을 만나요.

찬영 모 휘청… 테이블을 잡는다.

68.   촌스러운 커피숍 (밤)

믿을 수 없다는 선우의 얼굴. 테이블엔 흰 봉투. 원장의 속상하고 화가
난 얼굴.

원장   이걸 내가 어떻게 전하니. 화가 나서 견딜 수가 없는데… 아버질 어떻
       게 만나.
선우   (입술이 떨린다)

원장   어떻게 소원이한테 파양을 원한다고, 그렇게 하라고… 그 많은 재산 소
      원이가 나눠 가질까 봐 아까우셨을까? 저 순한 애한테….

      선우, 떨리는 손으로 흰 봉투를 잡는다. 꽉…구겨 쥐는 선우의 손.
      얼굴에 분노와 슬픔이 깊게 들어와 무너지는 선우.

미조(N)   그래서 우리는 그 진실이…. 불편하다.

69.   주희 집 근처 길 (밤)

      불안한 미조의 두 눈. 죄책감에 입술이 떨리는 주희 모.

주희 모   내가… 내가 너한테… (흔들리는 눈동자) 이날 이때까지… 미안해 미
        조야.

      미조의 눈동자가 심하게 흔들린다.

주희 모   니 친모… 나 알아.

      미조, 주춤… 주희 모에게서 한 걸음 물러난다. 충격적인 미조.
      미조, 다시 이명이 들려온다. 어지럽다. 호흡이 가빠진다.

촌스러운 커피숍 앞 (밤)

불이 꺼진 커피숍 앞에 우두커니 서 있는 선우.
손에는 구겨 잡은 돈 봉투. 고통스러워하는 선우의 얼굴.
이 분노를 어찌할 바를 몰라 돈 봉투를 구겨 쥔 손이 떨린다.

71. 주희 집 근처 길 (밤)

미조, 깊은 숨을 들이마시며 안간힘을 다해 정신을 차려본다.
뚜벅…뚜벅… 주희 모 앞으로 가서. 그녀를 꼭 안아주는 미조.
주희 모는 울고 미조는 울지 않는다.

미조(N)   불편함이 두려움이 되기 전에… 힘을 낼 수 있을까….

엔딩.

제8화

끝이라 생각될 때

프롤로그

/주희 모 6인실 병실. 낮.
주희 모는 호흡기를 달고 있다.
20대 초반의 주희가 곁을 지키고 있다.
머리를 대충 묶고 의학 책들을 안고 허겁지겁 들어오는 미조.
주희, 주섬주섬 옷과 가방을 챙긴다. 미조는 주희 모의 상태를 보며 주
희에게 손 들어 쿨하게 인사. 주희, 병실을 나간다.

/주희 모 병실. 밤.
작은 불을 켜두고 의학 책을 펴고 열공 중인 미조.
주희 모가 뒤척인다.
미조, 얼른 물 한 잔을 따라서 주희 모에게 먹인다.
다시 이불을 덮어주며 주희 모를 돌보는 미조. 그리고 다시 공부하는데.
보호자 베드에서 쭈그리고 잠이 든 미조. 누군가 흔들어 깨운다.
미조, 부스스 눈을 뜨면 진한 분장을 한 찬영이 서 있다.

미조   (소근) 아 깜짝이야….
찬영   (소근) 분장도 못 지우고 왔다고. 빨랑 가서 시험공부 해.

미조가 주섬주섬 책을 챙긴다. 찬영은 잠든 주희 모를 자신의 부모처럼
바라보며 상태를 살핀다.

/주희 모 병실. 낮.

미조, 찬영, 주희가 사과를 깎아 먹고 있다. 주희 모도 상태가 좋아져서
침대에 앉아 두유를 마시고 있다. 병실 문이 열리고 간호사가 들어온다.

간호사 박정자 씨 보호자분.
셋 다   (손 번쩍) 네!!

간호사, 어…. 셋은 어색하지 않게 서로를 바라본다.
주희가 눈짓하면 찬영과 미조가 손을 내린다. 주희 간호사 따라 나간다.
이 모습을 지켜보던 옆 침대 아줌마.

아줌마 저 셋은… 웬만한 서방보다 낫다.

2.   어딘가 어느 길 (밤)

미조가 충격적인 얼굴로 멍하게 걷고 있다.
걷다 서고… 다시 걷고… 어쩔 줄 몰라 하는 미조.
핸드폰을 꺼낸다. 찬영을 찾는다. 통화 버튼 누를까 말까….

인서트/
미조 엄마… 우리 이거… 우리만 알고 있어요. 찬영이도 아프고…

주희도… 회사 그만두고 힘들어….

결국 통화 못하고 다시 걷는다. 여기가 어딘지 모르겠다.
떨리는 두 손으로 얼굴을 가리는 미조.

3.　　　온누리보육원 앞 (밤)

선우의 자동차. 돈 봉투를 쥐고 보육원 안을 바라보고 있다.
불이 켜진 따뜻해 보이는 보육원.
돌아서는 선우. 복잡하고 고통스러운 얼굴이다.

4.　　　정가네일품밥상 안 (밤)

찬영 모의 참담함. 찬영 부도 말이 없다.

찬영 모　　미친년…. 내가 지를…. 미친년….

찬영 모 억장이 무너진다.

5.　　　차이나타운 안 (밤)

현준은 주방을 정리하고 있다. 얼굴이 어둡다.
홀을 정리하는 주희, 현준이 걱정되어서 주방 안을 자꾸 살핀다.

그러나 쉽게 말을 걸진 못한다.

6.   미조 집 거실 (밤)

파자마 차림으로 소파에 앉아 잠 못 이루는 미조.
침대에 누워본다. 시계 소리… 건전지를 뺀다.
다시 거실. 어두운 창밖. 새벽 4시….

인서트/
주희모 언제라도… 와. 다… 다 말해줄게….

거실을 불안하게 오가는 미조. 결국… 파자마 위에 코트만 걸치고 달려
나가는 미조.

7.   차 교수 집 거실 (새벽)

띠띠띠… 도어록 여는 소리. 문이 열리고 미조가 들어온다.
파자마에 코트 차림 그대로다. 그대로 안방으로 직진.

8.   차 교수 집 안방 (새벽)

잠에서 깬 미조 모와 차 교수.

차 교수   헉!!!!!

미조가 머리를 풀어 헤치고 코트 안에 파자마를 입고 서 있다. 귀신 같다.

미조 모   너 뭐야~!!!

차 교수 킁킁 냄새를 맡는다.

차 교수   술 마셨어?
미조 모   운전했어?
미조   잠이 안 와.
미조 모   아유 증말…. (자리 만들며) 자 얼른! 출근은 어떻게 할라구… 아 쫌 비켜
          봐요.

차 교수 얼결에 침대에서 밀려난다. 베개 들고 일어나는 차 교수.

차 교수   이럴 거면 니들 분가는 왜 했냐고….

투덜거리며 거실로 나가는 차 교수. 미조, 미조 모 옆에 눕는다.
자신의 베개를 베주는 미조 모. 미조, 눈 가물가물….

미조 모   우유 데워줘?
미조   졸려….

잠이 드는 미조. 미조 모는 그 얼굴을 한참을 본다. 뭔가 있구나… 느
낀다.

부제 '끝이라 생각될 때'

주희가 출근하는 척 나가려는데.

주희 모 애먼 데 돌아다니지 말고 잠이나 더 자.
주희 출근하는데.
주희 모 미조한테 다 들었어. 어설프니까 연기 그만해.
주희 엄마 저기… 다른 백화점을 알아…
주희 모 그만해 백화점. 창문도 없는 데서 오래 고생했어. 그만 가 이제.

주희, 눈물이 고인다.

주희 엄마….
주희 모 그냥 좀 쉬어. 그리고 시집 가.
주희 그건 좀…
주희 모 결혼정보회사 등록이나 해 좀!

주희 모 주방으로 가 식사를 준비한다.
버름한 주희, 음…. 백을 내려두고 재킷을 벗고….
음…. 어색한 아침이다.

10.   차 교수 집 주방 (아침)

미조, 아침을 먹고 있다. 잘 넘어가진 않지만 그래도 먹는다.
지켜보는 미조 모.

미조   아빠는?
미조 모   골프.
미조   (먹다가) 엄마.
미조 모   어?
미조   배 속에 애기가 있으면 교감이 막 되고 그래?
미조 모   (반색) 임신했니??!!!
미조   그럴 리가.
미조 모   에이… 뭐 하러 물어 부질없게.
미조   나는 엄마 배 속에 있었던 적이 없잖아. 그럼 엄마랑 나는 언니랑 엄마
         보다 교감이 덜 되냐고.
미조 모   (가만히 보다가) 이상하네. 이상한 질문을 막 하고.
미조   …….
미조 모   미조야. 너는 엄마 배 속에 있었던 적은 없지만… 엄마 마음에 오래 품
         었었어.
미조   …. (엄마를 본다)
미조 모   이 꼬마가 나를 좋아할까, 이 꼬마가 이 집이 편할까, 무슨 생각을 하는
         걸까. 슬픈 걸까, 많이 웃네 기분이 좋은가 보다. 왜 좋지? 늘 좋았음 좋
         겠는데 어떤 게 너를 웃게 만들지? 살펴보고 생각하고 자나 깨나… 그
         림 똑같은 거잖아. 배 속에 품었건 마음에 품었건.

미조, 큰 위로를 받으며 미조 모를 가만히 바라본다.

미조 모	왜. 무슨 일 있어?
미조	아니…. 나는 누군가 나보고 엄마 닮았네 하면 그게 그렇게 좋더라. 맘이 편해지는 거야. 남들이 보기에도 난 엄마 딸 같구나.
미조 모	너 섭섭해. 엄마 딸 같은 게 뭐냐? 내 딸이지.
미조	아 말 트집 잡지 마 진짜. 진지하다고.
미조 모	나도 진지하게 할 말 있어.
미조	뭐?
미조 모	솔직히 너 내가 낳았음… 이 비주얼은 어렵지. 언니 봐라. 영 그렇지.

푸흡~!!! 웃음이 터지는 미조. 엄마도 웃는다.
불안한 마음이 웃음에 조금 날아가는 거 같다. 참으려 해도 또 웃는 미조.

미조 모	미현이한테 이르지 마. 미모에 상당히 예민한 거 알지?
미조	근데 나 뭐 입고 출근하지? 아침 진료 있는데….
미조 모	언니 옷 있는데.

미조 모 일어나 방으로 가고. 남은 미조는 다시 착잡해진다.

11.   제이피부과 로비 (아침)

미조가 등장한다. 튀는 색깔 추리닝 한 벌. 지퍼를 목까지 올려 입은 모습이 평소의 미조 같지 않다. 미현이 마주치고 놀라고 선우도 출근하다 놀란다.

선우	어….

| 미조 | (지나가며) 저분 취향이라. |
| 미현 | 왜 취향 밖의 내 옷을 입고 출근하셨나? 운동화도 내 꺼 같은데. |

미조, 진료실로 다다다 들어간다. 미현, 다다다 쫓아간다.
선우, 두 사람 덕분에 좀 웃는다. 핸드폰이 울린다. 소원이다.

12. 제이피부과 선우 진료실 (아침)

선우, 알 수 없는 냉정한 얼굴로 통화 중이다.

소원(F)	주말에 바빴어?
선우	어… 친구 결혼식이 있었어.
소원(F)	언제 와볼 거야.
선우	요즘 병원이 많이 바빠. 정리 좀 되면 갈게.
소원(F)	응….

통화를 마친 선우, 가방을 연다. 다른 걸 꺼내다가 돈 봉투 본다. 흠….

13. 제이피부과 원장실 (아침)

추리닝 차림으로 거울을 보며 고데기로 머리를 하고 있는 미조.
거울에 빤히 보고 있는 미현이 비친다.

| 미조 | 부담스럽게 왜 거깄어. |

미현	머리만 예쁘게 한다고 외박한 티가 안 날까?
미조	머리라도 멀쩡해야지.
미현	낼모레 마흔인 여자가 외박을 부모님 집으로 하는 건 뭐냐. 좀 더 그럴 싸할 순 없냔 말이지.

머리 스타일이 맘에 든다. 고데기를 내려놓고 가운을 입는 미조.

미조	그럴싸한 데가 어딘데.
미현	예를 들자면… 김선우 샘 집?

미조, 그럼 그렇지… 못 들은 척하고는 다시 거울을 본다.

미조	이상하지?
미현	돌팔이 같고 좋은데 왜.
미조	속옷만 입고 가운 입으면 티 날까?
미현	것도 좋지, 정신 나간 애 같고.

말을 말자….

미조	언니 너는 엄마 집에 둔 옷이 추리닝밖에 없냐?
미현	내가 엄마 집에서 이쁘게 입을 일이 뭐 있어. 편하면 장땡이지. 그런 지는 엄마 집에 양말 한 짝 안 놔뒀으면서? 남이냐!!
미조	그런 말 하지 마. 편 가르냐? 나는 찐가족 아니다 그런 거야?
미현	어허… 차미조 이런 모드 오랜만이네? 자… (상냥) 사랑하는, 세상에서 단 하나밖에 없는, 나의 소중한 동생 미조? (더 상냥) 언니한테 이렇게 싹퉁머리 없게 하면 서운하지 확 그냥~!

| 미조 | (거울 보더니) 나랑 옷 바꿔 입자. |
| 미현 | 엄마 집에 뭘 입고 간 거야 도대체~!! |

14. 제이피부과 탕비실 (아침)

통화 중인 미현. 장난기 거둔 얼굴이다.

| 미현 | 엄마. 미조 별일 없었어? …. 친구 아파서 힘든가 보네… 네. 내가 잘 챙길게. 식사? 누구… 좋지, 김 선생 아버지도 들어와 계신 거 같던데. 차미조가 그러자고 할까…? |

미현, 커피를 내리며 통화를 이어간다.

15. 연기 레슨실 (낮)

부동산 여사장과 손님이 레슨실을 보고 있다.
찬영, 버름하게 서서 기다린다.

여사장	주인도 인품이 좋으셔서 한번 들어오면 다들 오래 계시더라구요. 선생님도 꽤 계셨죠?
찬영	아…. 네.
여사장	어디로 가세요? 근처로 가세요?
찬영	아니요.

여사장이 손님에게 화장실 등을 보여주는데, 전화가 온다.

찬영   네. 네. 아 그래요!!! 네네!! 감사합니다~!!!

핸드폰을 들고 허공에 인사하는 찬영. 통화를 마친다.

찬영   아 떨려….

얼굴에 얼떨떨함과 기쁨이 차오르는 찬영.

16.   공원 (낮)

선우가 달리고 있다. 얽힌 생각을 풀어내려 안간힘을 쓰며 달리고 있다.
땀이 가득하다. 숨이 터질 것 같다.

17.   미조 집 거실 (낮)

미조, 서둘러 옷을 갈아입고 나간다. 미현에게 전화가 온다.

미조   응. 나 잠깐 집에. 옷 갈아입으러. 점심 대충 먹었어. 응. 지금 들어가. 응.

서둘러 나간다.

피부과 근처 도로 (낮)

자동차 안에서 신호 대기 중인 미조.
땀에 젖은 선우가 힘이 빠져 터덜터덜 걸어가는 걸 보는 미조.
선우의 어두운 얼굴을 본다.

19.   제이피부과 선우 진료실 (낮)

가운을 입는 선우. 노크 소리 들리고 미조가 들어온다.
간편 선식 같은 것 두 개를 보여준다.

미조   식사 못 한 거 같은데?
선우   미조 씨는.
미조   나도. 같이 해결해요.

두 사람 선식 음료를 천천히 마신다.

미조   소원 씨… 무슨 일 있어요?
선우   아니 뭐….
미조   달리기 엄청 했잖아. 밥도 안 먹고.
선우   …. 관심받으니까 좋네. 미조 씨는 왜 식사 놓쳤어요. 아, 옷 갈아입으러
       집에 갔다 왔구나?
미조   (웃는다)

미현이 들어온다.

미현   쌍으로 다이어트 하시나 봐여~!

선우   원장님은 다이어트 안 해도 뭐….

미현   어머 재수 없어.

같이 웃는다.

미현   김 선생님 미국에 잠깐 들어가야 한다고 했죠? 영주권 때문에?

선우   아… 네 맞아요.

미조, 몰랐던 일이다. 선우를 본다.

선우   들어갔다가 바로 올 거예요. 길지 않으니까 걱정하지 마세요.

미현   차 원장 세미나 언제랬지? 안 겹치게 서로 상의하시고!

미조   미국… 들어가요??

선우   여름휴가 때 들어갔다 오려고 했었는데 보니까 기간을 잘못 알고 있었어요. 금방 다녀오면 되니까….

미조   (고개를 끄덕끄덕… 석연치는 않다)

미현   그리고. 음… 우리 엄마랑 아빠가요. 즉 이 사람 엄마 아빠께서. 김 샘이랑 식사 한번 하자고 하시는데, 시간 어때요?

미조, 컥…. 선우, 당황.

미조   왜??

미현   뭐가 왜야. 둘이 잘 만나는지, 병원 적응은 어떤지 기타 등등 식사 한번할 이유는 많지.

미조, 뭐가 맞는 건지 몰라서 선우를 본다.

미현   김 샘 아버지 아직 서울에 계시죠? 나오신 김에 같이 식사하시면 어떨까
        하시던데… 괜찮죠?

미조, 어…. 선우를 다시 본다. 선우, 너무 빠르게 대답한다.

선우   아니요.

선우의 대답에 놀라는 미조와 미현.
선우, 놀라고 두려운 표정을 감추며 수습한다.

선우   때가 아닌 거 같아서… 네 지금은….

미조, 음…. 선우의 예상 밖의 대답에 오히려 차분해지는 미조.
미현은 뭐지…? 하지만 분위기 정리해야 한다.

미현   하긴 오랜만에 나오셔서 바쁘시겠다! 우리끼리라도 식사 한번 해요, 나
        중에 천천히. 그럼 되지 뭐. 아유 진료 시작해야겠네?
        갑시다 차 원장~~!

미조를 데리고 나가는 미현. 미조, 선우를 돌아본다.
선우, 뭔가 불안해 보인다.

환자 얼굴에 레이저 치료를 마치는 미조. 레이저 안경을 벗는다.

미조   수고하셨어요. 많이 안 아팠죠?
환자   생각보다 많이 안 아프네.
미조   (웃는다) 관리실 안내해드릴게요, 피부 관리 받고 가세요.
환자   네.

미현이 들어와 환자를 안내한다.

미현   이쪽으로 모실게요~!

미조, 치료를 마치고도 잠시 멍하게 앉아 있다.

FB (8화 S#19)/
선우 아니요.
선우 *때가 아닌 거 같아서… 네 지금은….*

좀 생각이 많아지는 미조. 일어나 레이저실을 나간다.

환자가 누워 있고, 미현이 앰플을 떨어뜨려 흡수시켜준다.

미현	레이저 치료 받고 나서 앰플 관리를 충분히 받으시는 게 좋아요.
환자	느낌이 좋네요. (웃는다)
미현	그쵸? 꾸준히 발라주시면 좋아요.
환자	네.

미현, 열심히 관리를 해준다.

22. 제이피부과 원장실 안 (낮)

미조, 다음 환자 기다리는데 전화가 온다. 찬영이다.

미조   어. 진료 중… 응. 정말???!!! 진짜 합격했어!!!

23. 차이나타운 안 (낮)

주희도 통화 중이다.

주희   완전 잘됐다!!! 내가 너 합격할 줄 알았어! 그럼 파티해야지!! 몇 시에.
       아… 나 근데 여기 알바가…

현준이 옆으로 온다.

현준	오늘 일찍 닫을 건데?
주희	왜요?

현준	저도 일이 있어서.
주희	알았어. 다시 통화해. 응!!!

통화를 마친 주희 현준을 본다.

주희	일부러 그러는 거 아니에요?
현준	아니에요. 오늘 저녁에 중요한 일이 있어요.

현준의 얼굴이 무거워 보인다.

24. 찬영 집 거실 (밤)

미조, 찬영, 주희 식탁에 케이크 두고 있다.
미조는 과일을 깎고 있다. 주희는 영어로 된 초를 꽂고 있다.

주희	이런 날이 온다? 왜 내가 떨리냐?
미조	주연이 누구야? 남자 주연!
찬영	이거 봐 다 잿밥에 관심들이지.
주희	진석이 오빠는 왜 안 와?
찬영	조금 늦는대. 회사 배우 한 명이 사고 쳤나 봐.
미조	여기 배우나 신경 쓰지.
찬영	내가 그 회사 배우냐? 왜 신경 써 내가 알아서 하는데. 너야말로 선우 씨 데리고 오지!

미조, 선우 언급에 표정이 좀 흔들린다.

찬영	뭐야. 냄새 난다. 싸웠어?
미조	애냐… 싸우긴.
주희	싸운 건 현준 씨랑 혜진 씨 같드라. 표정이 종일 안 좋아. 눈치 보여.
찬영	눈치가 왜 보여… 정신 바짝 차려 지금이 공격 타이밍이라고!
주희	그럴 분위기 아니거든!
찬영	둘 다 속도 좀 내라. 누구든 하나는 가자. 야, 오늘 날 잡아도 나 살아생전에 식 올리기 빠세!!
미조	저 입을 내가 그냥…
주희	생각 좀 하고 말해. 왜 그래?

비밀번호 누르는 소리.

찬영	왔다~!!

진석이 꽃바구니를 들고 들어온다. 모두 분위기 환기되었다.

주희	오빠 멋있어요!
진석	매일 멋있는데 새삼스럽게… 늦어서 미안!!
찬영	유치하게 꽃이 뭐냐….
진석	너보다 안 이쁜 걸로 고르느라 힘들었어.
미조	(입을 막으며) 토할 거 같애.
주희	느끼해.
찬영	부러워 죽는구만.

꽃바구니 보고 좋아하는 찬영. 이때 찬영의 핸드폰이 울린다.
찬영, 핸드폰을 들고 망설인다. 눈치채는 일행들.

모두 약속한 듯이 침묵.

찬영   어 엄마. 나 지금… 집. 어??? 지금???… 애들은 왜… 엄마… 여보세요??

전화가 끊겼다. 찬영, 놀란다. 미조와 주희, 진석도 어리둥절하다.

주희   왜?
찬영   …. 당장 오래. 너네들 데리고.
미조   !!!

미조의 핸드폰이 울린다.

미조   나한테도 전화하셨어….
주희   받아 빨리.
미조   네 엄마. 아 저… 일이 있어서 잠깐… 네? 지금이요? 엄마 무슨 일 있…
       여보세요??

또 끊겼다. 주희 전화가 울린다. 모두 점점 사색이 되어간다.

주희   안녕하세요…. 네 별일 없어요. 네… 네… 네….

주희는 순순히 응하며 통화를 마친다. 고민이 되는 네 사람.

찬영   왜 그러지?
진석   나는 오란 말씀 안 하셔?
미조   …. 아셨나 보다. 너 아픈 거.

찬영이 제일 놀라고. 주희와 진석 어떡하지… 미조는 올 게 왔다 싶어 차분하다.

진석   일어나. 내가 데려다줄게.
찬영   오빠 여기 있는 게 낫겠어. (하늘이 무너지는 얼굴) 일단 가보고….

미조와 주희 일사불란하게 움직인다. 찬영 손이 떨린다.

25.   커피숍 (밤)

현준과 혜진이 만나고 있다. 혜진의 어이없는 얼굴.

혜진   결국… 한다는 말이 헤어지자는 거야? 오빠 미쳤어?
현준   (담담한) 미안해. 좋은 남자 친구가 되고 싶었는데 늘 이렇다….
혜진   나보다 지금… 그 중국집이 중요하다는 거야? 아니, 호텔 셰프가 백만 배 좋은 거는 팩트잖아. 그 말에 화났어?
현준   그땐 화가 좀 났었어. 근데 지금은 아니야. 너 그럴 수 있어.
혜진   그럼 내 소원 들어주면 되잖아…!
현준   혜진아. 난 지금이 좋아. 고만고만한 동네에 작은 중국집 하고 있는 지금이. 호텔에서 견뎠던 시간보다 좋아.
혜진   미래는 생각 안 해?
현준   할아버지가 돼도… 지금이 좋을 거 같아. 그렇게 행복해 지금. 근데… 내 행복이 너에겐 불편함이라면… 슬프잖아.
혜진   오빠!!
현준   달라지지 않을 거 같아서. 너나… 나나… 오빠가 많이 미안해.

차분하게 이별을 전하는 현준. 혜진은 슬픔보다 열받음이 가득하다.

26. 호텔 룸 안 (밤)

룸 거실에 마주 앉은 선우와 선우 부. 탁자에 놓인 돈 봉투.
선우 부는 일말의 죄책감도 없이 봉투를 하찮게 바라본다.

선우   소원이한테 사과하셨으면 좋겠어요.
선우 부   사과? 어떤 걸 사과해. 다 자기 인생 사는 거지. 그 애도 동의했으니까
          정리한 거 아니야!
선우   동의를 강요받았겠죠.
선우 부   내가 그 애한테 협박을 했겠어, 칼을 들고 위협을 했겠어? 소원이 그 놈
          도 참 못됐다 못됐어…! 이제 와서 이 돈을 내주면서 뭘 어쩌자는 거
          야? 내가 걔 크면서 눈빛 보고 알았지, 보통 기집애는 아니다!
선우   (꾹 참다가) 아버지!
선우 부   지가 나간다고 했다고 지가! 재산 상속 포기 서류만 만들자고 했는데!
          지가 지 승질에 호적 정리하겠다고 한 거라고! 뭘 사과해!!
선우   입양을 했을 땐. 가족이 되었을 땐. 모든 걸 다 함께 한다는 거잖아요.
선우 부   미쳤어? 죽자고 모은 재산을 어떤 놈 씨인지도 모르는 애한테 퍼 주게!!
선우   정말… 그렇게 생각하세요? 그래요?

선우, 하… 참담하다. 절망만 마주하게 되는 선우.

선우 부   너도! 고아 애들이랑 정리 좀 하고 살아. 하나 겨우 정리했더니 여기 와
          서 고작 만난다는 여자가… 나 들어갈 때 들어와! 영주권 날아가게 하

지 말고! 그리고 다시 돌아올 생각하지 말고 미국에서 병원 찾아.

선우는 아버지 말이 들리는지 아닌지, 자신만의 생각에 점점 가라앉는다. 오히려 차분해지며 마음에 뭔가 답을 찾아내고 있는 듯한 선우.

27. 정가네일품밥상 앞 (밤)

미조의 자동차 도착한다. 세 사람 내린다. 모두 표정이 무겁다.

찬영   나만 들어가는 게 낫겠다… 와서 보니까…. 같이 들어가는 것도 좀 그래.
미조   엄마가 같이 오라시잖아. 들어가자.
주희   찬영이 너 울지 마. 엄마 힘들어.

찬영, 한숨을 폭… 쉬며 걸음을 옮긴다.

28. 정가네일품밥상 안 (밤)

숙연한 모습으로 세 사람 들어선다. 가게가 조용… 하다.

찬영   (조심스럽게) 엄마… 아빠…!!

이때 분기탱천한 모습으로 손에 방망이를 들고 나타나는 찬영 모.
화들짝 놀라는 세 사람. 찬영 부가 찬영 모를 말리려는데.

| 찬영 모 | 니가 사람이야 정찬영~!!!! |

몽둥이 들고 달려드는 찬영 모, 영문 모르고 일단 말리는 미조와 주희.
찬영은 일단 도망 다니느라 정신없다.

찬영	엄마 내가 다 말할게!! 내가 말하려고 했다고!!!
미조	엄마 잠깐만요 엄마!!!
주희	엄마 그거 내려두고⋯ 말로 하세요, 말로!!

찬영 모에게서 몽둥이를 거둬내는 찬영 부.
찬영 모, 분이 안 풀리는지 말리고 있던 곤드레 바구니를 찬영에게 집
어던진다. 아수라장이 되는 실내.
찬영, 곤드레나물 피해서 구석으로 도망가고.
미조와 주희가 찬영 모 막아서고 난리다.

찬영 모	니들도 똑같애!! 어! 어떻게 한통속이 돼서 사람을 속여!
미조	잘못했어요 엄마⋯ 죄송해요⋯ 진정하시면 저희가 다 말씀⋯
찬영 모	미조 넌 그러면 안 되지!! 주희 넌 순해 터져서 그렇다고 쳐! 미조 너! 딱 부러지는 애가 그 꼴을 다 보고 말리지도 않아!! 어!!! 니들이 친구야!!!
찬영	아 왜 애들한테 그래~!! 엄마 이게 이럴 일이 아니잖아⋯. 울고불고할 일도 아니지만 이건 아니다 진짜!!
찬영 모	입 안 다물어 너!!! 누가 너 그렇게 가르쳤어! 연기한다고 밖으로 돌아도! 근본이 있는 애니까 믿고 기다렸더니 그따구로 살고 있어!! 엄마가 호구로 보여!!!

뭔가 이상하다.

찬영 부   여보. 앉아서… 대화를 좀 해보고. 타일러보고….
찬영 모   뭘 타일러!!! 니네 셋 다 사기죄로 감방 들어가야 돼!
주희   저희가 먼저 말씀드리기가… 찬영이도 준비가 안 돼가지구요….
찬영 모   준비? 무슨 준비! 불륜 저지르는 것도 준비가 필요하니? 그래!!

앗… 세 사람 순간 멍… 이게 뭐지… 불륜이 키워드인가….

찬영   엄마. 주제가 뭐야…? 엄마 화난 게…
찬영 모   니가 뭐가 부족해서 유부남을 만나!!! 뭐가 모자라서어~!!!

아…. 진석이 일이구나… 어쩔 줄 모르는 미조와 주희.
찬영, 하…. 복잡해졌다.

찬영 모   미조 주희 니들!! 쟤가 정신 못 차리면 니들이 말려야지, 셋이 똑같이 하나
         가 돼서 날 속여? 난 그런 것도 모르고 그놈한테… 어떻게 그 꼴을 보면
         서 하하 호호… 니들 그래도 돼?
미조   죄송해요… 드릴 말씀이 없어요….
주희   죄송해요 엄마….
찬영 모   아니! 나 이제 니들도 보기 싫다. 소름이 돋아… 어떻게 어른을 바보를
         만들어… 유부남인 줄도 모르고 내가… 엄마라고 부르지도 마!!!
미조   죄송해요. 정말 저희들이 잘못했어요….
찬영   미조 주희 잘못 없어.
미조   찬영아.
찬영 모   그래. 내 딸이 저 모양인데 남의 집 딸 뭘 탓해. 찬영이 넌 들어와 살고!

니들은 다신 나타나지 마. 알겠어!!!

미조, 주희 참담한데, 찬영 용기를 낸다.

찬영   그러지 마 엄마….
찬영 부   그래 여보… 다 큰 애들이잖아. 들어나 보고….
찬영 모   우정 참 별나다. 별나!
찬영   내가 그 사람… 많이 좋아해. 이혼 준비하고 있어. 그래서 말 안 했어.
찬영 모   이혼? 아이고 이 멍청아… 그놈 와이프가 왔었다고… 어!!!

찬영도 놀라고 미조와 주희도 놀란다.
결국… 미조가 마음이 많이 아프다.

찬영 모   이혼 꿈도 안 꾸는데 뭐? 이런 게 불륜이지 뭐가 불륜이야!! 친구가 정
          신 못 차리면 니들이 말려야지, 이혼할 거라는데 그러면서 정신 나가서
          춤을 춰?
찬영   말렸어. 미조랑 주희가 많이 말렸어.
찬영 모   근데. 그날은 왜 그랬어 그럼! 왜!!!
미조   엄마 그날은 제가…
찬영   왜냐하면! 엄마 나. 나. (침이 마른다) 나 시한부래.

미조, 하…. 눈을 질끈 감는다. 주희는 이미 눈물이 그렁.
찬영 모와 찬영 부 비현실적인 표정이다.

찬영 모   …여보. 여보 애 뭐라는… 거야?

찬영 부, 놀란 얼굴로 휘청⋯ 찬영 앞으로 와 선다.

찬영 부   니가⋯ 니가 뭐 뭐라고?
찬영   죄송해요.
찬영 부   찬영아 뭐라고? 너 뭐라 그랬어.
찬영   췌장암 말기야. 얼마 못 산대 나⋯.

찬영 모 그대로 스르륵 까무러친다.

미조   엄마!!!!

찬영도 고개를 들고 엄마를 본다. 놀라서 엄마에게 달려드는 찬영.
미조가 기절한 찬영 모에게 응급 처치를 한다.
찬영의 온몸이 떨린다. 찬영 부는 멍하게 서서 이 모든 상황을 그저⋯.
엉망이 되는 아수라장⋯.

29.   정가네일품밥상 밖 (밤)

미조와 주희가 자동차에 기대서서 착잡하다.
따뜻한 불빛이 비추는 식당 안으로 찬영과 찬영 모, 찬영 부가 이야기
하는 모습이 보인다. 두 사람 서로 깊은 한숨만.

주희   괜찮으실까? 많이 놀라신 거 같은데⋯.
미조   진작 말씀드릴 걸 그랬나 봐⋯.
주희   그러게. 찬영이가 말려도⋯ 너랑 나랑 올 걸⋯.

| 미조 | …. 다 처음이라 어설프다. |

가게 안을 본다. 찬영은 간혹 눈물을 훔치며 이야기하고.
찬영 모는 찬영의 눈을 가까이 들여다보며 이야기를 듣고….
생각보다 잔잔하고 다정하게 비춰진다.

미조	그래도 엄마 강하시네. 견디신다….
주희	나 이제 좀… 무서워 미조야.
미조	(주희를 본다)
주희	하나하나… 진행 되는 거 같아서. 이렇게 다… 찬영이를 보낼 준비를 하는 거 같아서.
미조	…. 우리… 잘 견뎌낼 수 있을까…?

미조, 하늘을 본다. 별이 반짝인다.

| 미조 | 별이… 슬프게 예쁘다. |
| 주희 | (하늘을 본다) …. |

미조, 여러 가지 생각에 눈물이 차오른다. 꾹 참는다.

미조	스물아홉은 어땠지 우리?
주희	기억도 안 나….
미조	열아홉은…?
주희	우리 엄마가 아팠지. 그건 기억난다. 대장암 진단받은 거.
미조	맞아… 엄마 아팠어….

FB (7화 S#69)/
눈물을 흘리는 주희 모의 얼굴.

미조, 슬프고 힘들다.

미조   나 안아줘.
주희   갑자기?
미조   안아줘 힘들어.

주희, 미조를 꼭 안아준다. 주희를 꽉 끌어안는 미조.
미조의 등을 토닥이는 주희. 미조에게 무슨 일이 일어나는 걸까….
두 사람 너머로 찬영과 그의 부모의 애달픈 모습이 보인다.

30.   정가네일품밥상 안 (밤)

찬영과 찬영 모, 찬영 부 함께 앉아 있다.
찬영 모는 찬영을 놓칠세라 꼼꼼히 바라보고 있다.

찬영   미안해.
찬영 모   엄마가 미안해. 너 이 지경인 줄도 모르고… 너 이렇게 아프게 된 동안
         장사한다고….
찬영   그게 왜 엄마 잘못이야…!!
찬영 부   찬영아. 그래도…
찬영   치료 안 받아. 남은 시간 병원에 누워 살기 싫어 아빠.

모두 말리지 못한다.

찬영	자연스럽게… 그냥 하루하루… 똑같이 있다가… 그렇게 그냥….
찬영 모	여기 와 있자. 그럼 좋겠어.
찬영	엄마. 나 정리할 게 좀 있어. 기운 있을 때 꼭… 해보고 싶은 것들도 있고. 미조랑 주희랑 귀찮을 정도로 챙겨줘. 또… 진석 오빠도….

한참을 생각하는 찬영 모와 찬영 부.

찬영 부	차차… 차차 생각해보자.
찬영 모	오늘은 여기 있어. 그래도 되지…?

찬영, 슬픈 눈으로 고개를 끄덕인다.

31.   정가네일품밥상 앞 (밤)

찬영이 나온다. 기다리던 미조와 주희가 밝게 다가간다.

주희	엄마 아빠 많이 놀라셨지…?
찬영	그렇지 뭐….
미조	넌. 넌 괜찮아?
찬영	엄마 아빠 버티시는 거 보니까… 맘이 좀 그렇다.

세 사람 착잡하다.

찬영	나 오늘은 여기서 잘게. 니들 먼저 가라.
미조	여기서… 지내라고 안 하셔?
찬영	그러자 하시지. 나중에… 나중에 오지 뭐.
미조	…그래.
찬영	가. 늦었다.
주희	나는 여기 있어도 되는데….
미조	엄마랑 아빠랑 시간 줘. 찬영이도 할 말 많을 텐데.
주희	…그래.
미조	가자.

미조와 주희, 차에 오른다. 찬영, 웃으며 손을 흔든다.

32. 주희 동네 길 (밤)

미조가 주희를 내려준다.

미조	내일 찬영이한테 연락해보자.
주희	운전 조심해. 피곤하겠다.
미조	괜찮아… (내리려는 주희에게) 야.
주희	어?
미조	…. 엄마 약 잘 챙겨드려.
주희	갑자기 왜 우리 엄마는?
미조	부모님한테 잘 하자고….
주희	그르자.

힘없이 걸어가는 주희를 한참을 바라보는 미조.

33.   주희 집 거실 (밤)

늦은 밤이라 조용히 들어오는 주희.
주희 모가 거실 소파에 누워 있다가 일어난다.

주희모   왜 이렇게 늦어….
주희   어! 엄마 아직 안 잤어?
주희모   차이나타운에서 알바한다며? 오늘 일찍 문 닫았던데 넌 어디 갔다 이
         제 와….

주희, 엄마 옆으로 와 앉는다. 지친 얼굴.

주희   찬영이네 엄마 가게에.
주희모   거긴 왜.
주희   이제 알았거든. 찬영이… 많이 아픈 거.
주희모   …. 그 양반들도… 사는 게 사는 게 아니겠다.
주희   첨엔 기절하셨어. 미조가 의사라 다행이지.
주희모   (깊은 한숨) 기절할 일이지….
주희   되게 이상해 엄마.
주희모   뭐가….
주희   찬영이는 점점 아파가는데… 난 또 산다?

주희 모, 주희를 본다.

주희	회사도 그만두고… 중국집에 알바한다고 들어가 있고… 그냥 그렇게 살고 있는 거야. 그게 이상해.
주희 모	살고 있는 게 아니라, 살아지는 거지.
주희	그 말이 그 말이지.
주희 모	방법이 없는 거다 그런 게… 넌 고 3이지. 난 암이라지. 니 아빠도 갑자기 사고로 가고 달랑 너 나, 둘이 남았는데. 난 아파 누워 있고… 나 간호한다고 넌 대학 시험도 포기하고.
주희	왜 그쪽으로 가 얘기가….
주희 모	수술하고 좀 나은가 했더니 또 전이가 되선… 미조랑 찬영이랑 너랑. 셋이서 번갈아가면서 간호한다고 애먹는 거 다 봤지.
주희	…그랬어 그때…. 맞아….
주희 모	그 꼴을 보면서도 아침에 해 뜨니 눈 뜨고 밤 되니 또 잠이 들고. 그렇게 살아지더란 말이야. 염치도 없이.
주희	엄마!
주희 모	지금도 그래. 너 혼자 돈 번다고 아등바등… 그러다 혼기 다 놓치고. 이쁘게 낳아놓으면 뭘 해, 연애 한 번을 못 해보고 낼모레 마흔이야.
주희	내가 눈이 높아서 그런 거야.
주희 모	넌 그럴란가 몰라도… 엄만… 이래저래… 염치가 없다.
주희	엄마 왜 그래~!
주희 모	그니까 이상하다고 생각지 말라고. 사는 게 그런 거라고. 씻고 자. 졸리다 이제.

주희 모 하품을 하며 방으로 들어간다. 주희, 엄마의 방을 한참 바라본다.

미조, 늦은 밤 아무도 없는 공원 벤치에 앉아 있다. 답답한 마음….

FB (7화 S#69)/
주희모 *내가… 내가 너한테… (흔들리는 눈동자) 이날 이때까지…*
　　　　 미안해 미조야.
주희모 *니 친모… 나 알아.*

얼굴을 쓸어내리는 미조. 자리에서 일어나 터벅… 터벅….
어두운 밤길을 걸어간다.

아주 이른 아침. 찬영이 두리번거린다.
저만치 찬영 모가 강을 보며 우두커니 앉아 있다.
찬영, 엄마에게 다가가려는데, 엄마의 어깨가 가늘게 떨리고 있는 것을
본다. 엄마가 울고 있다.
찬영, 그대로 조용히 돌아서서 걸어간다. 빨갛게 차오르는 눈.

찬영　정말… 죽겠네 진짜….

마음이 너무 아픈 찬영의 얼굴.

선우와 선우 부가 조식 식사 중이다.

선우 부   이게 얼마만이야. 점심 저녁이야 친구들도 있고 모임도 있어도. 아침은 당연히 혼자 먹다가… 부모 자식 사이가 이런 거지. 서로 다신 안 볼 거처럼 맞서도 또 한 상에서 밥 먹고 풀고.

선우   내일 들어가시죠?

선우 부   넌 언제 올래?

선우   들어가시기 전에 뵙고 싶은데 오늘 종일 시간이 안 돼서 서둘렀어요.

선우 부   차차 정리하고 들어와. 같이 살기 싫으면 근처에 자리 잡든가. 아님 다른 주에 자리 잡아도 여기보단 가깝지. 힘들게 영주권 얻어놨더니, 왜 여기서 이러고 있어?

선우   저도. 아버지랑 아침도 먹고 자주 뵙고 살고 싶어요.

선우 부   (허허… 흐뭇하게 본다)

선우   아버지.

선우 부   그래.

선우   이대로는. 그런 아침은 없을 거 같습니다.

선우 부, 뭔가 느낌이 안 좋다. 불쾌함이 올라온다. 포크를 내려놓고 선우를 본다.

선우   소원이는. 제 동생이에요. 아버지 딸은 아닐지 몰라도… 제 동생입니다.

선우 부   그래서.

선우   화분을 하나 들여놔도… 아끼면서 키워요. 시들면 영양제도 주고 물도 맞춰 주고. 햇빛도 잘 드는 곳에….

선우 부 (화난) 그래서!

선우 사람을… 한 사람 인생을 들였잖아요. 어린 꼬마 아이를. 가족으로 딸로
동생으로. 물건이 아니라구요. 반품하는 물건이 아니라는 말씀이에요.

선우의 화가 난 단호한 얼굴. 선우 부의 일그러지는 얼굴.

선우 소원이에게 사과하실 마음이 없다고 하신 거 잘 이해했어요. 근데 저는.
아버지께서 소원이한테 사과하지 않으신다면….

선우 부, 노여움에 손이 떨린다.

선우 더 이상 아버지를 뵙지 않겠습니다.

선우 부, 얼굴이 파르르 떨린다.

선우 부 내가. 이 꼴을 보려고 널 키운 줄 알아?

선우 죄송합니다.

선우 부 걔가 뭔데. 그 고아 애가 뭔데 이 난리야 너.

선우 소원이 입양하시고… 그해 국회의원 선거 도움 많이 받으셨잖아요.
휴머니즘 어필해서 표 많이 받으셨어요. 그쵸.

선우 부 하고 싶은 얘기가 그거냐?

선우 아버지는 필요해서 한 인생을 사용하신지 몰라도. 어머니는. 저는. 사랑
으로 소원이를 만났어요.

선우 부 그 애 공부시킨 거 대학 보낸 거 다 내 돈이야!

선우 그 돈! 더는 나눠주기 싫어서 한 사람 존재를 시궁창에 던지셨어요.

선우 부 이… 이놈이 정말!

선우	아버지 결정이니 알겠습니다. 하지만 동의는 못 합니다. 그 많은 재산… 아버지 다 안고 사세요. 저도 필요 없습니다.
선우 부	니가 누구 돈으로…
선우	앞으로! 벌어서 갚겠습니다.

선우 부, 부들부들….

선우	그리고. 미조 씨는 제가 많이 사랑하는 사람이에요. 그 사람한테… 함부로 말씀하지 마세요. 훌륭한 사람입니다.
선우 부	고아원을 차리지 그러냐, 어! 여기저기 죄다 어!
선우	그럴까도 합니다. 열심히 벌어서 아버지가 쓰신 양육비 갚고 작은 땅 사서 부모 없는 아이들이랑 식구 돼서 살고 싶어요.
선우 부	미친놈….
선우	아버지 보시기에 미친놈인데… 사람들은 그걸… 인간애라고 해요 아버지. 안녕히 돌아가세요.

선우, 고개를 숙여 인사하고 일어난다. 선우 부 부들부들….
사람들 몇몇 이 부자를 의식한다. 그 시선을 의식한 선우 부, 체면 때문에 참는다.

37. 정가네일품밥상 안 (아침)

찬영에게 죽을 내준 찬영 모. 찬영 부는 김치를 물에 씻어내고 있다.
찬영, 아 이건 좀….

찬영 모	아빠가 새벽에 전복 사 왔어. 너 씹히는 거 싫어해서 곱게 다졌으니까 이빨에 걸리기도 전에 넘어갈 거다.
찬영	전복은 씹는 맛이지.
찬영 부	거봐 내가 대충 다지라 했잖아….
찬영 모	전복은 물컹도 아니고 쫀득도 아니라 싫다며.
찬영	입맛이 변하드라?
찬영 모	점심엔 통으로 넣지 뭐.
찬영	또? 또 죽 먹으라고?
찬영 모	흡수 잘 되고 좋아 그냥 먹어.
찬영	벌써 죽이야… 나중 되면… (아차…)

찬영 모 속상해서 이빨을 꾹 깨물며 참는다. 슬프다.
찬영 부, 씻은 김치를 올려준다.

찬영	점심 건 싸줘. 가서 먹을게.
찬영 모	벌써 가??
찬영 부	내일 가!
찬영	나 준비할 거 있어. 레슨실도 빼야 되고 은근 할 거 많더라?

찬영 모 찬영 부 안절부절인 얼굴인데 말리지도 못하고.

찬영	주말에 올게.
찬영 부	아빠가 데리러 갈게.
찬영	혼자 올 수 있어.
찬영 부	아빠가 가. 내가 간다고.

찬영, 두 사람을 본다. 안쓰럽다.

찬영	승합차 체질이지 내가. (죽 한 번 먹고) 인간적으로 파는 좀 싣지 말자. 냄새 오진다고.
찬영 부	세차할 거야.
찬영 모	차 바꾸자.
찬영 부	그래. (앗) 어??
찬영 모	차 바꾸자고. 낮은 거 그거. 편하게 타는 거.
찬영	진짜? 세단으로?
찬영 부	진짜 계약하러 간다?
찬영 모	젤 빨리 나오는 거 해. 비싸도 해.
찬영	와… 우리집이 세단이라니. 아빠 기억나지? 트럭 타고 백화점 가가지구 안내하는 여자가 화물은 고객 주차장 안 된다고 막. 그치? 엄마가 우리도 고객이라고 쌍욕 할 뻔했잖아.
찬영 부	했지 살짝….
찬영 모	죽 먹어 얼른. 식어.

찬영, 그대로 기운을 내는 엄마 아빠를 미안하고 고맙게 본다.
열심히 죽을 먹는 찬영, 김치를 들고 있는 찬영 부.
괜히 물수건으로 손만 닦는 찬영 모.
서로 마주하지 않을 땐 어두운 얼굴들….

38.   제이피부과 로비 (아침)

미조가 출근한다. 로비에 진석이 기다린다. 진석의 초췌한 얼굴.

진석	나 첫 환자.
미조	보톡스 좀 맞자. 밤새 늦었다 오빠.

쓸쓸하게 웃는 진석.

39.   제이피부과 원장실 (아침)

진석과 차를 마시는 미조.

진석	찬영이가 연락이 안 돼서… 어제 어떻게 됐어?
미조	다 터졌어.
진석	다 터져?
미조	찬영이 아픈 거… 오빠 유부남인거 다.

진석, 입이 마른다. 미치겠다….

진석	어떻게 아셨지 …? 나 이런 거 그새 어떻게 아셨을까? 아니… 당연히 아실 일인데… 내가 설명하려고 했거든….

미조, 차마 진석이 와이프 이야기 못 한다.

미조	귀신이지 뭐. 엄마 아빠를 어떻게 속여 우리가.
진석	하…. 찬영이는. 찬영이는 어때?
미조	나도 아직 몰라. 어제 우린 그냥 왔거든. 엄마 아빠랑 할 얘기 많을 거야.
진석	아픈 것도 힘드실 텐데 나까지… 내가 죽일 놈이다.

미조	….
진석	(일어나며) 진료 봐야지? 갈게….
미조	오빠.
진석	(돌아본다)
미조	보톡스 맞고 가. 못생겨지면 찬영이한테 차인다.

진석, 씁쓸하게 웃는다. 미조도 애써 웃는다.

40.   차이나타운 안 (오전)

장사 준비를 하는 현준과 주희. 갑자기 문이 열리고 혜진이 커다란 쇼핑백을 들고 들어와 테이블에 쾅 올려둔다. 현준은 그것이 무엇인지 눈치채고 혜진을 가만히 본다.

| 혜진 | 이거 다 가져 가. 오빠한테 받은 거야. 내가 준 건 버려. 잘 살아. |

열받아 돌아서 나가는 혜진.
현준은 작은 한숨을 쉬며 쇼핑백을 집어 드는데.

| 주희 | 딱 놔. |

현준, 뭐라고? 주희를 본다.
주희, 다부진 얼굴로 쇼핑백 손잡이를 꽉… 거머쥔다.

제8화   123

혜진이 열받아서 카톡하며 걸어가는데, 어깨를 퍽 잡는 손.
깜짝 놀라 돌아보면, 주희다. 손에는 쇼핑백.

주희　　가져가요.

혜진　　(어이없다) 됐거든요.

주희　　좋은 말 할 때 가져가요. 나한테 욕 처먹고 멘탈 털린 사람 생각보다 많아.

혜진　　아줌마가 뭔데 상관이에요!

주희　　아줌마 아니고. 너보다 연애 못 해봤으니까 아줌마는 좀 억울하구요. 이
　　　　거 가져가요. 이별도 잘 해야지, 나중에 후회해.

혜진　　재수 없어 진짜….

그냥 가려고 하면. 주희가 팔을 잡는다. 그리고 손에 쇼핑백을 억지로
쥐여 준다.

주희　　그쪽 준다고 얼마나 생각하면서 고른 것들이겠어요. 하나하나 마음이 다
　　　　들어가 있잖아. 마음은 안 보이고 물건만 보인다고 이렇게 함부로 하면
　　　　되냐구요. 그쪽도 같이 사랑했었잖아요. 서로한테 예의를 갖자고. (돌아
　　　　서 가려다가) 버릴 거면 니가 버리시구요, 이 동네 버리면 나한테 뒤지
　　　　세요. 잘 가요.

혜진　　당신이 뭔데!!!

주희　　저요? 중국집 알바요.

주희, 쿨하게 돌아서 간다. 혜진 약 올라서 식식거린다.

제이피부과 원장실 (낮)

외출 준비를 하는 미조, 선우가 들어온다.

선우   어, 어디 가요? 소원이 온다고 해서 같이 점심 먹자고 할라 그랬는데.
미조   선약이 있어요.

좀 차가운 미조의 반응에 당황하는 선우.

미조   미국 언제 들어가요. 일정 미리 말해줘. 나도 일정 체크해야 돼요.
선우   안 들어가요.
미조   영주권 어쩌려구요.
선우   여기서 살 건데 영주권 뭐가 필요 있어.
미조   (빤히 본다) 뭐가 그렇게 들쑥날쑥일까, 김선우 씨는?
선우   ?
미조   (더 이상 말하고 싶지 않다) 점심 하고 바로 오는 거죠? 나 좀 늦을 거
        같아서.
선우   와…. 원장님 같다.

미조, 선우를 지나쳐 밖으로 나간다. 선우, 흠… 난감하다.

43.   차이나타운 안 (낮)

주방에서 야채를 써는 현준. 주희가 그릇을 들고 들어와 챙겨 넣는다.

주희	…괜찮아요?
현준	(그냥 웃는다)
주희	가져갔으면 좋겠다고 했더니 자기도 그런 게 좋겠다고…. 착해 혜진 씨가.
현준	다행이네요.
주희	진심 아니면 가서 미안하다고 해요.
현준	…. 고민했어요 잠깐. 그냥 가게 접고 호텔로 들어갈까. 혜진이가 저렇게 원하는데.
주희	….
현준	(다시 야채 썰며) 내가 다시 호텔 셰프가 되면 이런 일이 또 없을까요? 혜진이 탓이 아니야. 그냥 서로 다른 거야. 찻주전자 준비했어요? 오늘 새로운 차 사 왔는데.
주희	준비할게요.

그래도 현준이가 걱정이 되어 살피며 주방을 나가는 주희. 현준은 묵묵히 칼질을 한다.

44. 한식집 안 (낮)

미조와 주희 모가 식사를 하고 있다. 그러나 잘 들어가진 않아 서로 젓가락질만….

미조	엄마. …. 왜 말 못 했어요. 그게 제일 궁금해서…. 나 고등학교 때부터… 엄마는 매일 괴로웠을 거잖아요.
주희 모	니가 너무 고와서.
미조	…!

주희 모	…니가 처음 분식집에 들어설 때. 무슨 애가 저렇게 곱나 싶었어. 그런
	니가 친엄마 얘길 할 때… 가슴이 철렁 내려앉았어. 너 크는 걸 오래오
	래 보게 될 줄은 몰랐지… 인연이 참….
미조	언제라도… 말씀하시지 왜….
주희 모	클수록 빛이 나더라. 어찌나 곱게 크는지… 차마 내가….
미조	(망설이다가) 별로구나 내 친모.
주희 모	알고 싶니…?
미조	….

주희 모 망설이다가… 가방에서 편지 봉투를 내준다.
영월교도소 이경숙. 하… 눈을 감는 미조.
주희 모, 얼굴을 들어 미조를 본다. 미조, 눈물이 고인 두 눈.

45.   중국집 안 (낮)

허겁지겁 먹는 선우. 소원이는 이상하게 본다.

소원	아침 못 챙겨 먹지 오빠.
선우	아냐. 빵 구워 먹어.
소원	근데 그렇게 배고파? 천천히 먹어….
선우	오늘은 거의 못 먹었거든. 체증이 내려가서 그런가 잘 들어간다.
소원	나 여기 오는 거 이제 멀어. 밥 먹자고 부를 때 한번 생각해주라.
선우	오빠가 작은 차 하나 사줄게. 그거 타고 다녀.
소원	됐어… 돌아다닐 일도 없는데 뭐.
선우	오빠랑 차 보고 가. 맘에 드는 거 사야지.

소원	왜 오빠가 사? 필요하면 내가 살게.
선우	아버지 돈 돌려주고 빈털터리 됐잖아.

소원, 놀란다. 선우, 아무 일도 아니라는 듯 웃는다.

소원	원장님이 말했어…?
선우	아버지 돈. 내가 전해드렸어.
소원	!!!
선우	오빠가. (잠시 목이 멘다. 다시 참고) 너 혼자 둬서. 그게 맘이 참…. 너 혼자… 그 지옥 같은 결정을 해나갈 때… 오빠가 병원에서 너무 바빠서 그걸 모르고….
소원	오빠가 백수였어도 말 안 했어.
선우	왜.
소원	오빠랑은… 잘 지내고 싶었거든. 다 알면… 모두 힘들어지잖아 지금처럼.
선우	안 힘들어. 머리가 맑아졌어. 내가 뭘 해야 하는지 분명해졌어. 그러니까 배도 고프지.
소원	…고마워.
선우	…미안해.

선우와 소원, 서로 애틋하게 바라본다.

46. 한식집 주차장 (낮)

마당이 주차장인 곳이다. 주희 모와 미조가 택시를 기다린다.

주희 모	지하철역 금방인데….
미조	결제 다 했으니까 엄마는 타기만 하면 돼요. 어, 왔다.

주희 모를 택시에 태우는 미조. 웃는 얼굴로 보낸다.

47. 택시 안 (낮)

주희 모, 돌아본다. 미조가 어색하게 서 있다.
하염없이 깊은 한숨이 나온다.

48. 미조 자동차 안 (낮)

미조, 멍하게 앉아 있다. 괴롭다. 핸들을 툭툭… 그러다 쾅!쾅!

미조	정말… 거지 같아….

49. 카페 안 (낮)

찬영이 다부진 얼굴로 앞자리 사람을 응시한다.
앞자리, 선주가 앉아 있다. 팽팽한 두 사람.

찬영	이건 반칙이잖아요.
선주	당신이 할 말은 아니잖아?

찬영	조바심 나고 죽겠는 거 인정. 그래도 부모님 찾아가 그러는 건 아니죠.
선주	그래요? 이기적이네.
찬영	…한 번 더 이기적일게요. 조금만 참아줘요. 어차피… 당신이 남아.
선주	당장은 정리 못 하겠다는 건가? 너무 뻔뻔하잖아.
찬영	나 내년 여름휴가 계획을 못 짜요. 그때 없을 거 같아서.
선주	이민이라도 가시나. 구차하게 이 핑계 저 핑계…
찬영	(단호하게 말 자르고) 이민은 아니고. 그때쯤 죽어. 얼마 못 산다고.

선주, 이 말이 사실인가 놀리는 건가. 불쾌한데.
찬영의 표정을 보니 사실인 거 같다. 점점 당혹스러운 선주. 떨리는 손
으로 찻잔을 잡는다.

| 찬영 | 미안해요. |

진심이다.

50.   제이피부과 원장실 (낮)

미조, 찬영에게 전화를 건다.

| 미조 | 어디야, 양평이야? |

51.   버스 정류장 (낮)

우두커니 앉아 있는 찬영.

찬영   아니, 서울에 왔어. 지금? 집에 가려고. 괜찮아. 엄마 아빠가 생각보다 차
분하셔서 맘이 더 그렇다. 응. 그래. 나중에 주희랑 보자. 그래….

찬영, 힘이 없다. 다 복잡하고 힘든 얼굴이다.

52.   병원 주사실 (낮)

찬영 모가 링거를 맞고 있다. 찬영 부가 곁을 지키고 있다.

찬영 모   여보.
찬영 부   응….
찬영 모   가서 차 계약해….
찬영 부   기운 차리면 같이 가.
찬영 모   여보.
찬영 부   응.
찬영 모   가게 닫자…. 찬영이 옆에 가서 살자. 집 하나 얻자.
찬영 부   바쁘다. 차도 알아봐야하고… 집도 알아봐야 하고….

찬영 모, 기운이 도통 없다. 감기는 눈.

무표정한 얼굴로 진료를 마친 미조. 웃음기가 없다.
미현과 선우가 퇴근 준비하며 들어온다.

미현   들었지? 김 선생님 미국 안 들어간다는데?
미조   응.
미현   얼굴이 왜 그래. (득달같이) 뭔 일 있네. 뭐야. 왜 그래.

선우, 갑자기 걱정되는 얼굴.

미조   피곤해서 그래.
미현   누굴 속여. 피곤한 얼굴 아니야 이거.
미조   (선우 의식하며) 그냥 일이 좀 많았어… 찬영이 부모님이 다 알아버렸어.
미현   아이참…. 속상해 죽겠네.
미조   잘된 거야. 아셔야지.
미현   찬영이도 찬영이고 내 동생도 앓아눕게 생겼어. 비타민 주사 좀 맞자.
미조   봐서. 퇴근해 언니. 선생님도 퇴근하세요.
선우   같이 퇴근해요. 저녁은 먹어야지.
미조   생각 없어요.
선우   뭐라도 먹자구요. 얼굴 많이 안 좋은데?
미현   그래 셋이서 간단하게 뭐 좀 먹자. 나도 혼자 먹기 싫다!
미조   그냥!!! 그냥… 나 좀 쉴게.

미현과 선우, 미조가 심상치 않아 보인다.
미현은 미조의 컨디션을 존중한다.

미현	그럼 운전 정신 차리고 잘 해서 가. 가서 반신욕이라도 해.
미조	알았어. 그렇게 할게… 미안.
미현	미안할 게 뭐가 그렇게 많나! 나 간다~!!

미현, 선우에게 좀 챙겨달라고 눈짓하고 나간다.
선우, 차분하게 미조를 본다. 미조, 안 되겠는지 퇴근 준비를 한다.

| 미조 | 퇴근합시다. |

선우, 미조 앞을 가로막는다. 미조 눈을 바라본다. 미조, 시선을 피한다.

| 선우 | 화난 거야… 슬픈 거야…? |

선우를 한참 바라보는 미조.

| 미조 | 달리기하러 가자. |
| 선우 | 배고플 때 달리기 최고지. |

미조 손을 잡는 선우.

54. 공원 (밤)

미조가 벤치에 앉아 운동화를 갈아 신고 팔을 걷어붙인다.
선우, 어라…? 함께 달릴 준비를 한다.
미조, 아무 말 없이 혼자 출발한다. 뒤이어 달리는 선우.

미조가 죽을 듯이 달린다. 선우는 그 페이스에 맞추며 달린다.

FB (8화 S#10)/
미조 모 미조야. 너는 엄마 배 속에 있었던 적은 없지만… 엄마 마음에
　　　 오래 품었어.
미조 모 살펴보고 생각하고 자나 깨나… 그럼 똑같은 거잖아. 배 속에
　　　 품었건 마음에 품었건.

고통스럽게 달리는 미조.

FB (8화 S#44)/
주희 모 니가 너무 고와서.

눈물을 참고 숨이 차도록 달리는 미조. 땀이 흐른다. 숨이 차서 가슴이
터질 것 같다.

FB (8화 S#44)/
편지 봉투. 영월교도소 이경숙….

결국 넘어지듯 주저앉는 미조. 숨이 너무 찬다.
선우도 숨이 찬다. 미조 일어난다. 다시 달리려고 하자 선우가 잡는다.

선우　　그만해. 다쳐.
미조　　달리면… 정리된다며… 아직 정리가 안 돼… 더 달리자.
선우　　쉬었다가 해 그럼. 이 땀 좀 봐.

미조와 선우, 서로 숨을 고르느라 힘겹다. 미조, 차차 호흡이 안정되며.

미조	왜 그랬어.
선우	(본다) ?
미조	당황할 순 있는데. 그렇다고 질색할 일은 아니잖아 밥 한번 먹자는데.
선우	미조 씨.
미조	나도 싫어! 내가 당신이랑 무슨 사이라고 우리 엄마 아빠랑 밥을 먹겠어.
선우	맘에 없는 말 하지 말자. 후회하잖아.
미조	내가 부끄러워요? 고아여서! 입양아라서!!
선우	차미조!

미조, 자기도 모를 분노와 두려움에 눈물과 감정이 제어되지 않는다.

미조	막상 인사하고 그러려니까 겁나?!! 왜 우리 친부모가 어떤 사람인지 몰라서 겁나냐고!!!

선우, 와락 미조를 안는다. 꼭 안는다.
미조, 빠져나오려 하며 더 고통스러워한다.

미조	놔!! 놓으라고!! 놔!!
선우	잘못했어… 내가 잘못했어 미안해요… 미안해…. 그런 뜻 아니야… 그런 거 아니야 미조 씨…!!!
미조	왜 그랬어… 왜 그래 정말….

선우, 미조의 얼굴을 두 손으로 감싼다. 두 손에 힘이 가득.
너무나 애처롭게 미조를 바라본다. 미조는 울고 있다.

선우   내가. 너를 너무 사랑해서 그래. 그래서 그랬어.

       미조의 알 수 없다는 두 눈. 아이처럼 흔들린다.

선우   내가 널 사랑할 자격이 없어서… 그렇게는 당신 부모님을 만날 자격이
       없어서. 내 아버지 아들로는 자신이 없어서. 그래서.

       선우, 다시 미조를 꼭 안는다. 절대 놓지 않을 듯 안는다.

선우   서툴러서 그래… 먼저 설명하지 못해서 미안해. 내가 미안해.

       미조, 선우 품에서 눈을 감는다. 조금씩 안정을 찾아가는 미조.

55.   공원 벤치 (밤)

       나란히 앉아 있는 미조와 선우.

미조   목말라….
선우   나도.
미조   가자.

       둘 다 힘겹게 일어난다. 선우, 미조의 손을 잡는다.
       나란히 걸어가는 두 사람.

56.   커피숍 안 (밤)

아이스커피와 반미를 먹고 마시는 미조와 선우.

미조   소원 씨는 뭐래.
선우   그냥 울어. 계속 울어.
미조   선우 씨 아버지 별로야.

미조, 커피를 마신다.

선우   근데. 우리 둘 다 자연스럽게 반말한다. 좋은데?
미조   글쎄요.
선우   마저 하자.
미조   뭘 해요??
선우   반말. (피식) 뭐가 맘에 안 드는 거지? 지금 뭐 하나 꽂힌 표정인데.
미조   표현이 그렇잖아. 계속 하자 반말. 이게 맞지, 마저 하자가 맞아?
선우   컨디션 돌아왔네. 맘 놓고 먹는다 이제.

반미를 맛있게 먹는 선우. 미조, 그런 선우를 본다.

미조   아버지 만났어?
선우   응.
미조   뭐라 그랬어?
선우   소원이한테 사과하시라고.
미조   그래서?
선우   그럴 리가 없더라. 혹시나 했는데… 소원이한테 사과하지 않으면 나도 아버지 못 본다고 했어.

미조 　(놀란다)

선우 　나 이제 돈 많이 벌어야 돼. 아버지한테 그동안 받은 지원 다 갚는다고 큰소리쳤거든. 계산해봤는데. 많더라?

미조 　월급 올려줘야겠네.

선우 　땡큐!!!

선우, 반미를 한 조각 더 먹는다.

선우 　(우물우물) 나 장래 희망 생겼어.

미조 　곧 마흔에 장래 희망?

선우 　아버지 돈 갚고 또 돈을 버는 거야. 돈 좀 모으면 땅을 사는 거야. 외곽에. 그래서 거기다 집을 지어서 입양을 하는 거야. 힘닿는 데까지! 대가족 만드는 거지. 어때, 좋지?

미조 　(가만히 본다) 돈 많이 벌어야겠다.

선우 　그게 문제가 아니야. 많이 벌어놔도 입양을 못 해. 안정적인 가족이 있어야 된다더라고? 결혼을 해야 돼.

미조 　나도 같이 살고 싶은 꼬마 있는데… 그 녀석이 맨날 나보고 결혼해서 자기 데려가라고. 결혼 잔소리를 그 꼬마한테 들어.

선우 　내 장래 희망 브리핑하는데 왜 당신 사연을 들여 넣나?

미조 　(참 나…) 또 있어 장래 희망?

선우 　그래서 내 장래 희망이. (커피 한 모금) 차미조 남편이야.

미조, 심드렁하게 커피 마시다가 사레 걸린다. 켁켁거리는 미조.
선우는 구경 중이다. 미조가 귀엽다.

미조	(숨을 돌리고) 아메리카에선 이렇게 청혼해?
선우	내 스타일인데.
미조	본인이 가끔 설부른 거 알아?
선우	한 사람쯤은 설불러야 인생이 굴러가지. 나가서 소주 한잔할까 기념으로?
미조	난 그럴 생각 없는데.
선우	희망. 바라는 바. 장래 희망이라고. 부담 갖지 말고. 어쨌든 소주 한잔?
미조	오늘은 마시면 안 돼. 아직 정리 못 했어. 정리되면 마실 거야.
선우	무슨 정린데… 난 다 말했잖아요….
미조	다시 존대?
선우	놉!!

다시 반미에 집중하는 두 사람.

.

57.   한강 (밤)

진석의 손을 잡고 산책하는 찬영.

찬영	엄마랑 아빠는 지금 무슨 생각 하고 있을까?
진석	니 걱정 하시겠지.
찬영	난 인생이 코미디야. 그 중요한 순간에 몽둥이 날아다니고 곤드레나물에 얻어맞고.
진석	그걸 봤어야 되는데…. (웃는다)
찬영	오빠 있었으면 몽둥이로 맞았을 걸?
진석	…맞아도 싸지. 맞아서 용서가 되면 맞지.
찬영	오빠.

진석   (본다)
찬영   이혼. 하지 마라.
진석   별개 문제야.

       찬영, 진석을 세운다. 마주보는 두 사람.

찬영   우리가. 연인이 아니라… 친구로 헤어졌으면 좋겠어.

       진석, 아프다. 당황스럽고 맘이 아프다.

진석   생각해보자.
찬영   집에… 나 혼자 가고 싶어.

       진석, 찬영의 생각을 이해한다. 그래서 더 우기지 못한다.
       너무 마음이 아프고 슬프고 서러운 진석. 찬영을 꼭 안는다.
       찬영도 진석을 깊게 안는다.

58.   차이나타운 안 (낮)

       미조와 찬영, 주희. 주희는 알바 앞치마를 하고 있다.
       비장한 미조를 갸웃 보는 찬영과 주희. 현준도 기웃기웃.

찬영   주말 꼭두새벽에 콜을 보내셨으면 말씀을 하세요 인간아.
미조   중요한 얘기야. (옆자리 보며) 테이블 싹 다 빠지면.

선우가 들어온다.

현준   어 형!!
선우   장사 잘되냐? (싱그럽게 웃는다)
주희   멤버 예사롭지 않다. 비장한 저 표정 뭐지?
선우   오랜만이에요, 두 분?
주희   더 잘생겨지신 거 같아요~!
찬영   맘에 없는 소리 하지 말고.
선우   어, 찬영 씬 더 섹시해졌는데?
찬영   그건 나도 알고. (미조 보며) 빨랑 뭐든 해~! 왜 불렀어!

옆 테이블 의식하며 눈짓.

찬영   그럴 거면 아무도 없는 지 병원에서 모이자 그러지 쯧….

(시간 경과)
찬영과 주희 선우가 앉아 있다.

미조   거기 사이에 주희 앉히자.
찬영   (아 쌍…) 뭐 해 너.
미조   중요해서 그래.

선우, 일단 주희와 자리를 바꿔 앉는다. 주희, 왜 저래….

미조   찬영이랑 선우 씨. 주희 팔짱 좀 껴줘.
찬영   야 씨… 나 갈래!

미조	진지하다 나. 쫌 하라면 해줘 쫌.
찬영	미친년 진짜….

그러면서도 주희 팔짱을 끼는 찬영.
선우에게도 눈짓하자 주희 팔짱을 어색하게.

주희	기분 별로야. 나 잡혀가?
미조	속보가 있어.

모두, 빨리 말해라… 미조를 본다.

미조	나. 친모 찾았어.
찬영	와 씨!!! 대박!!!
주희	진짜??!!! 언제~~!!!

모두 기뻐하는데 선우는 뭔가 불안하다.

미조	팔짱 빼지 말고.
찬영	알았어, 알았어. 그래서.
주희	어떻게 찾았어? 어?
미조	꽉 잡아. …주희 엄마가 알려주셨어.

모두 멍…. 주희, 눈만 깜박깜박…. 찬영, 이게 뭐지….

미조	알고 계셨대. 오래전부터.

주희, 이런 씨…. 벌떡 일어나는데.

미조   주희 잡아.

그제야 뜻을 알고 주희를 잡아채는 찬영.
선우는 얼결에 주희 잡지만 뭔가 이상하다.
주희, 슬쩍 핸드폰을 들고 카톡을 여는데.

미조   핸드폰 뺏고.

찬영이 사정없이 뺏는다.

미조   우리 친모. 사기 전과 7범. 현재도 교도소 수감 중.

아…. 한 대 맞은 거 같은 찬영과 주희.
선우, 벌떡 일어나 미조의 머리를 꽉 안는다. 선우의 떨리는 손.

FB (8화 S#54)/
미조 *내가 부끄러워요? 고아여서! 입양아라서!!*
미조 *막상 인사하고 그러려니까 겁나?!! 왜 우리 친부모가 어떤 사람인*
       지 몰라서 겁나냐고!!!

선우, 마음이 찢어진다. 미조의 머리를 계속 쓰다듬는다.

미조   선우 씨 나 얘기 안 끝났어.

선우, 주희는 내버려두고 미조 곁에 바짝 앉는다.

미조　　그래서. 나 한번 가볼까 해. 영월교도소. 다 눈치챘지, 나 공황장애. 혹시
　　　　당황해서 공황장애 오면 운전 못 할 수 있잖아. …같이 갈 사람.

누가 먼저랄 것도 없이 선우, 찬영, 주희가 손을 번쩍 든다.

59.　　영월교도소 앞 (낮)

자동차. 비장하게 서서 교도소를 바라보는 선우, 찬영, 주희.

찬영　　미조 또 쓰러지는 거 아닐까? 공황장애 그거.
선우　　내가 같이 들어갔어야 되는데… 하….
주희　　우황청심환 먹일 걸 그랬어.

찬영(N)　미조를 처음 만난 지하철이 생각났다. 친엄마를 찾아 나선 그날.

선우　　어…!!

미조가 걸어 나온다. 시계를 보는 주희. 선우가 한 걸음 나간다.

주희　　왜 벌써 나와??
선우　　표정 안 좋다….

찬영(N)　아무도 내색은 못했지만 모두 애타게 기다렸던 그녀, 친모의 소식.

미조 세 사람 앞으로 와 선다. 알 수 없는 애매한 표정.

선우   미조 씨.
주희   못 만났어?

미조, 우물쭈물⋯ 하다가 갑자기 펑펑 운다.

찬영(N)   내가 떠나기 전에 그날이 온 것은 선물 같지만⋯.

너무 포효하듯 울어서 아무도 섣부르게 나서지 못한다. 펑펑 우는 미조.
선우가 미조를 가만히 안는다.

찬영(N)   이렇게⋯ 아프게 올 줄은⋯ 몰랐다.

찬영과 주희가 미조의 등에 얼굴을 대고 같이 마음을 나눈다.

엔딩.

제9화

천 밤, 또 천 밤, 또 또 천 밤…

1. 프롤로그

/일곱 살 미조가 보육원 창가에 앉아 종이접기를 하고 있다. 쓸쓸한 얼굴이다. 고개를 들어보니 창밖으로 어린 미현이 미조를 보며 갸웃한다.
미소로 인사하는 미현. 어린 미조는 부끄러워 시선을 내린다.
그러자, 미현은 창문에 코를 붙이고 돼지 코를 만들어 보인다.
미조, 그 코가 웃겨서 조금 웃는다. 미현도 씩 웃는다.
미현의 뒤로 젊은 차 교수 내외가 보육원 화단에 나무를 심고 있다.

/차 교수의 자동차에 오르는 미현, 차 교수 내외.
미조는 구석에 숨어서 그 모습을 본다.
미현이 미조와 눈이 마주친다. 미조는 시선을 돌린다. 하지만 눈에 눈물이 있다. 그런 미조를 한참 바라보는 미현.

/몹시 추운 날. 미조가 창가에 앉아 종이접기를 하고 있다.
창문엔 서리가 껴 있다. 그 창문으로 쑥 들어오는 미현의 얼굴. 털모자를 쓴 미현. 미조를 보더니 나오라고 손짓한다. 미조는 가만히 있다.
잠시 후, 교실 안으로 들어 온 미현. 미조 앞에 선다. 털장갑을 내민다.

어린 미현   밖에 추워. 이거 껴.
어린 미조   …. (장갑만 본다)
어린 미현   얼른 껴. 우리 집에 가자.

어린 미조가 놀라서 미현을 본다.

어린 미현   우리 집에 가자. 나랑 살자. 내가 매일 종이접기 해줄게.

그 뒤로 차 교수 내외가 와 선다. 인자한 두 사람의 얼굴.

젊은 차 교수   언니가 너랑 같이 살고 싶다고 매일 졸라.

어린 미조, 갑자기 눈물을 툭툭 흘리며 고개를 젓는다. 가지 않겠다는.

어린 미현   왜… 우리 싫어?
어린 미조   …. 몇 밤 자고 와요…? 여기에 다시 몇 밤 자고 와요?

젊은 엄마가 눈이 빨개진다. 미조의 손을 꼭 잡는다.

젊은 엄마   몇까지 셀 수 있어?
어린 미조   천. 나 숫자 잘 세요.
젊은 엄마   천 밤, 또 천 밤, 또, 또 천 밤, 계속 천 밤. 그렇게 자고 오자. 근데 만약에…
             계속 있고 싶으면. 우리 계속 같이 살자. 약속…!

미조, 예쁜 눈을 깜박인다. 미현이 내준 손을 잡고 일어나는 미조.
어린 미조와 어린 미현, 차 교수 내외의 따뜻한 시작이다.

부제 '천 밤, 또 천 밤, 또 또 천 밤…'

2.   교도소 안 (낮)

/대기실. 면회 온 사람들 속에서 면회신청서를 쓰는 미조. 한 자 한 자 신중하다. 관계를 묻는 빈칸에서 멈추는 미조. '지인'이라 적는다.

/대기실. 의자에 앉아 순서를 기다리는 미조. 면회를 기다리는 사람들의 표정을 본다. 저마다 고단해 보이고, 저마다 사연이 있어 보인다. 미조의 시선이 한곳에 머문다.
70대 할아버지가 의자에 앉아 고요하다. 험한 세월을 보낸 것 같은 고단함이 보인다. 그 마른 얼굴에 눈물이 흐른다.

/전광판에 '이경숙' 이름과 면회실 번호가 뜬다. 손에 땀이 나는 거 같은 미조. 미조, 후… 숨을 고르고 자리에서 일어난다.

3.   교도소 면회실 안 (낮)

미조가 앉아 있다. 초조하지만 손가락 하나 움직이지 않는다.
고요하게 기다린다. 소리가 들린다. 유리 벽 너머를 본다. 이경숙이 들어온다.
미조, 차분하게 일어나 이경숙을 본다. 꽤 미인인 경숙의 얼굴.
경숙, 미조를 찬찬히 본다. 경숙이 겨우 짜낸 눈물을 훔치며 자리에 앉는다.
미조도 앉는다. 서로 바라보는 두 사람.

경숙   주책이다, 눈물 바람을…. (다시 미조를 보며) 예쁘네.

미조	안녕하세요.
경숙	이런 데서 만나서… 면목이 없다….
미조	…건강은 어떠세요.
경숙	밖에서보다 잘 먹고 잘 자고. 염치도 없지, 더 건강해 요즘.

미조, 무슨 말을 해야 할지 모르겠다.

경숙	이름도 이쁘다, 차미조.
미조	네….
경숙	결혼은 했니?

미조, 너무 일상적으로 대하는 친모의 여유에 조금씩 당황한다.

미조	아니요.
경숙	이렇게 이쁜데 왜 아직 혼자야… 하긴 요즘엔 능력 좋으면 혼자도 잘 살더라. 결혼이 다는 아니지.

미조(N)	대단한 걸 기대한 건 아니지만.

애틋함보다는 뭔가 스캔하는 듯한 경숙의 미소와 눈빛이 낯선 미조.

경숙	너 쌍꺼풀 한 거니?

당황하는 미조.

경숙	어렸을 때… 쌍꺼풀이 없었던 거 같은데… 아닌가?

아무렇지도 않게 웃는 경숙.

미조(N) 적어도 옆집 아줌마보다는 애틋한 말들을 상상했었다.

경숙 직업이 뭐니?
미조 …의사예요.
경숙 그래~? 어머 세상에… 의사 딸 둔 사람들 그렇게 부러웠는데. 내가 의사 엄마가 됐네! 어쩜 좋아! 전공이 뭐야, 내과? 외과?

미조, 정말… 정말 너무 당혹스러워서 할 말도 못 찾는다.

경숙 (눈치채고) 주책이지? 이 안에 있으면 그날이 그날이거든. 지루해 죽겠어 아주. 오랜만에 너 보니까 들뜨나 보다.
미조 (들릴 듯 말 듯) 오랜만에….
경숙 (잘 안 들린다는) 응?

미조, 어지럽다. 경숙이 둘로… 셋으로 보인다. 주먹을 꽉 쥐고 정신을 차리려 애쓴다.
경숙이 혼자 신난 얼굴로 계속 뭐라고 이야기한다. 하나도 안 들리는 미조.
미조, 결국 벌떡 일어난다. 놀라서 보는 경숙.

경숙 어디가?
미조 …. 배가… 배가 아파서요. 배가 너무… 배가 아파서….

허둥지둥 면회실을 나서는 미조. 똑바로 걸으려 애쓰며 도망치듯 나간다.

경숙, 어… 당황하며 미조를 부른다.

4.   교도소 대기실 안 (낮)

면회를 기다리는 몇몇 사람들. 미조가 아슬아슬 걷다가 결국 의자에 털썩 앉는다.
후…. 숨을 깊게 마시고 내쉬는 미조. 정신을 차리려 애쓴다.

FB (5화 프롤로그)/
라흐마니노프 음악을 듣던 엄마와 어린 미조.

다른 차원처럼 보이는 주위의 것들에서 정신을 차리려 눈을 감는 미조.

FB (9화 프롤로그)/
어린 미현 우리 집에 가자. 나랑 살자. 내가 매일 종이접기 해줄게.

울지 않으려 어금니를 꽉 물고 깊은 호흡을 하는 미조. 이겨내고 싶다.

FB (9화 프롤로그)/
젊은 엄마 천 밤, 또 천 밤, 또, 또 천 밤, 계속 천 밤. 그렇게 자고 오자. 근데 만약에… 계속 있고 싶으면. 우리 계속 같이 살자. 약속…!

하…. 안정을 찾는 미조. 공황장애를 안간힘을 다해 지나가게 하는 미조.
천천히 일어나 대기실을 빠져나간다.

5.   영월교도소 앞 (낮)

비장하게 서서 교도소를 바라보는 선우, 찬영, 주희.

찬영   미조 또 쓰러지는 거 아닐까? 공황장애 그거.
선우   내가 같이 들어갔어야 되는데… 하….
주희   우황청심환 먹일 걸 그랬어.
선우   어…!!

미조가 걸어 나온다. 시계를 보는 주희. 선우가 한 걸음 나간다.

주희   왜 벌써 나와??
선우   표정 안 좋다….

미조 세 사람 앞으로 와 선다. 알 수 없는 애매한 표정.

선우   미조 씨.
주희   못 만났어?

미조, 우물쭈물… 하다가 갑자기 펑펑 운다. 선우가 미조를 안아서 다독
인다.
영문을 알 수 없지만 뭔가 가슴이 아픈 선우, 찬영, 주희.

찬영   왜 그래, 어?
미조   (울음에 섞이는 끊어진 말들) 쌍꺼풀 수술 했냐고… (엉엉 운다) 기억
        이 안 난다고 씨… 기가 막혀서 내가 정말….

너무 화가 나고 어이없어서 울음이 멈추지 않는 미조.

찬영   무슨 말이야!
주희   쌍꺼풀 수술이 왜 나와?

선우는 그저 미조의 눈물을 닦아주며 애가 탄다.

미조   오랜만이 뭐야 오랜만이… 이게 오랜만인 거야? 어? 아 씨… 정말… 내
        가 진짜… 아유 정말 씨….

말문이 막히고 억장이 무너지는 미조가 하염없이 운다.

찬영   뭔 장르가 전환이 안 돼! 비극에서 신파는 돼야지, 쌍꺼풀 드립이 뭐냐.
        에이 씨…. (진심 빡친다)
선우   차에 타자. 일단 앉아야 될 거 같아.
주희   그래, 너 얼굴 하얘.

6.   교도소 앞 선우 자동차 안 (낮)

좀 진정을 한 미조. 찬영과 주희, 앞자리 미조의 상태를 눈 빠져라 주시
중이다. 선우도 거의 돌아앉아 미조만 본다.

미조   (적막을 깨고) 내가
찬영   (동시에) 어 니가/
선우   (동시에) 응 미조 씨/

| 주희 | (동시에) 어 그래/ |

세 사람 서로 눈치 공유 한 번 하고 다시 미조 본다.

미조	경우의 수를 많이, 정말 많이 생각해봤거든.
주희	맞아, 너 이과잖아.
찬영	이과가 왜 나와 정신 안 챙겨?
주희	경우의 수, 확률 그런 거 수학이잖아.

미조, 아 이 인간들… 빡침을 참고 눈을 감는다.

| 선우 | 저기 집중을 좀…. |

다시 입 다물고 미조를 보는 세 사람.

선우	경우의 수까지 말했어.
미조	암튼. 정말 상상도 못 했다고. 보자마자 결혼은 왜 안 했냐, 뭐 능력 있음 혼자도 잘 살드라.
선우	능력이랑 무슨 상관이야 좋아하면 해야지.
찬영	선우 씨 사심 꺼내지 말구.
선우	(앗…)
미조	나보고 쌍꺼풀 수술 했냐드라. 더 말이 안 되는 게 뭔지 알아?
주희	몰라.

주희, 너무 해맑게 몰라, 하는 바람에 찬영이 풉 웃는다.
미조가 살벌하게 돌아보자, 꾹 참는 찬영.

| 미조 | 어렸을 때 없었던 거 같다고 있지 어, 기억이 안 난다고. 하… 씨. |

선우, 에이… 속상해서 앞을 본다. 쯧….

미조	그래서 내가 너무 억장이 무너져서… 말이 안 나오는 거야. 무슨 말을 해야 될지 머리가 멍한 거야. 난 처음 만난 건데, 얼굴도 기억 안 나고 아무 기억도 없으니까 처음 보는 거 맞잖아!
찬영	그치.
미조	근데… (생각하니 또 억장이 무너진다)
선우	힘들면 말하지 마. 나중에/
찬영	근데 뭐라는데!
미조	오랜만이라 그렇대. 오랜만이라 들떠서 그렇대.

세 사람, 숙연… 뭐라 말도 못 하겠다. 선우, 어떡하지… 미조의 떨어진 머리카락을 귀 뒤로 넘겨준다. 안쓰러워 죽겠는 선우.

미조	이게 뭐냐… 쯧….
찬영	쉴드도 못 치겠다. 오랜만은 아니잖아, 그치?
주희	근데 또… 그분은 미조 얼굴을 아니까, 어렸을 때 미조. 그래서 오랜만이라고 한 거… 에이 말 꼬인다, 쯧.
찬영	넌 아까 이과 얘기 나올 때부터 꼬였어. 확률까지 나올 일이야? 왜 미분 적분도 깨알 적용 해보지 그래.
주희	(미친…) 야, 내가 너보다 미분 적분 잘했어… 엄마 아파서 수능 안 본 거 알면서 그래?
찬영	지금 미조 친모 얘기하는데 엄마 아팠던 건 왜 꺼내, 맥락 그런 거 몰라?
선우	찬영 씨 어디 가서 따뜻한/

미조, 아이고 머리야….

주희 나 딴에는 위로하고 싶으니까 꺼낸 말 아니야~! 미분 적분은 니가 꺼낸
거잖아!
선우 주희 씨?
찬영 그게 위로가 되냐고, 두 살 때 헤어지고 이제 만났는데, 능력 있음 혼
자 살라는 게 뭐냐고, 막말로 당신이 능력 키워준 것도 아니잖아? 위로
라는 건 상황을/

갑자기 빵~!! 클랙슨 소리. 놀라는 찬영과 주희.

찬영 아 깜짝….

미조가 클랙슨을 울렸다. 조용… 해진 실내.

미조 삼성동 갈래.
찬영 가야지. 삼성동 가기 딱 좋다.
선우 (네비 찾으며) 1시간이면 가겠다. 미조 씨 좀 자. 머리 아프잖아.

미조, 머리를 의자 헤드에 두며 컴다운해보려 하고 선우, 기어를 넣는데

주희 나 화장실….
찬영 에이 가지가지 진짜.
미조 들어가서 왼쪽에.
주희 (내리면서) 금방 올 거야, 큰 거 아니야.
찬영 왜 지 대소변 정보까지 굳이… (눈 감고 팔짱 끼며) 졸라 투 머치야.

선우, 참아보는데 웃음이 결국 픕….

미조도 결국 웃고, 찬영이는 계속 투덜거린다.

경숙이 누군가와 통화하고 있다.

경숙   원장인지 아닌지는 못 물어봤지. 대학병원 같은 데 다니면 찾기 어렵겠
       지? (듣는다) 오긴 또 올 거 같은데… 한번 찾아봐, 개인병원 운영할지
       도 모르지 뭐. 양부모가 잘살아. 하나 차려줬을 거 같기도 하고. 응. 그
       래. 응.

       사기 전과자다운 통화를 하고 있다.

선우의 자동차가 선다. 미조 내린다. 선우도 내린다.

미조   피곤하지?
선우   전혀. 뭐 좀 먹어라. 아침도 안 먹었잖아.
미조   선우 씨 배고프지?
선우   난 아침 먹었어. 오랜만에 소원이 보고 올까 싶어. 같이 저녁 먹으려고.
미조   응….
선우   상의… 할 거야? 오늘 다녀온 거.

미조	…. 말씀은 드려야 될 거 같아. 괜히 뭔가 속이는 거 같고 이상해.
선우	그래. 차분하게 잘 말씀드려.
미조	(고개를 끄덕인다) 운전 조심해.

선우, 알았다고 웃어주고 차에 오른다. 선우의 차를 바라본다.
혼자 남은 미조, 대문 앞에 선다. 마음이 어수선하다.

미조	나 친엄마 만났어. (아니다) 나 친모 되시는 분 만나게 됐어. (이것도 아니다) 나 친모라는 사람 연락이 닿았어.

에이… 들어간다.

9.   차 교수 집 거실 (낮)

놀라서 넋이 나간 미조의 얼굴.
보면, 엄마가 팔에 간이 깁스를 하고 있다.

미조	엄마… 팔이 왜 그래!
미조 모	그냥 살짝 삐었어. 별것도 아닌데 이렇게 야단스럽다.

미조, 엄마의 팔을 살펴보며 걱정이 가득하다.

미조	어쩌다 이랬어!
미조 모	넘어졌는데 얼결에 팔로 버텼나 봐. 인대가 좀 삐끗했어. 일주일 있다가 풀어, 별거 아니야.

미조	전화를 하지! 말을 안 해?
미조 모	금방 풀 걸 뭐하러….

안방에서 차 교수가 나온다. 앞치마를 하고 있는 귀여운 모습.

차 교수	어!
미조	아빠.
차 교수	너 잘 왔다. 베란다 할래, 욕실 할래?
미조	어?
차 교수	청소. 아빠 죽을 거 같아. 설거지랑 빨래밖에 안 했는데 다리가 후들거려.
미조 모	그니까 둬 그냥! 며칠 있다 풀면 나랑 같이 해. 베란다 구석에 저기 뭐냐 곰팡이 난 거, 락스 해야 돼 그거!

차 교수, 선수 치려 하는데 미조가 빨랐다.

미조	나 욕실.
차 교수	(이런…) 안방 화장실부터 할래? 변기 물때 잘 닦아 너. 특히 거실 화장실 빡빡 닦아, 거기도 락스 해야지 여보?
미조	두 개 다? 나 베란다 할래.
차 교수	낙장불입이야.

차 교수, 베란다로 이동한다. 미조, 이게 아닌데… 일단 외투를 벗으며 준비한다.

챔프엔터 대표실 (낮)

서류를 보고 있는 진석. 밖을 보니 비가 내린다.
노크 소리 들리고. 주원이가 보인다. 놀라는 진석.
주원이 어정쩡 들어온다. 진석이 놀라서 주원에게 다가간다.

진석   주원아!! 무슨 일이야… 어? 어떻게 왔어~!
주원   아빠 회사 검색해서… 주소 있어서… 택시 탔어.
진석   무슨 일 있어? 어디 아파? 엄마는!
주원   엄마는… 나 여기 온 줄 몰라.
진석   앉아. 이리 와 앉자.

주원을 옆에 앉히고 걱정이 되어 어쩔 줄 모르는 진석.

진석   말해봐. 무슨 일이야?
주원   …. 아빠가 보고 싶어서.

진석, 가슴이 철렁…. 주원을 와락 껴안는다.

진석   그랬구나… 아빠가 요즘 주원이 보러 못 가서… 주원이가 왔구나… 아
       빠가 미안해….
주원   나 졸려.
진석   졸려?
주원   어젯밤에 아빠가 엄청 보고… 싶은 거야. 그래서 잠이 안 오는 거야. 그
       래서 눈 뜨고 있었는데… 아침이 됐어.
진석   업어줄까? 업혀서 잘래?

주원	아니. 아빠 다리 베고 잘래.
진석	그래. 좀 자자. 아빠가 재워줄게.

주원을 소파에 길게 눕히는 진석. 주원을 다독여준다.
삶이 무거운 진석의 얼굴. 찬영에게서 전화가 온다.

주원	엄마야?
진석	아니… 아빠 친구. 자… (전화를 받는다) 응 나야. 사무실이야. 응. 응. 컨디션은 어때? 그래….

11. 찬영 집 거실 (낮)

비가 내리는 소리. 찬영이 적막한 가운데 통화 중이다.

찬영	주말인데 일해? 아… 아직 일 많아? 아니 그냥… 별일 없으면 얼굴이나 볼까 해서….
진석(F)	어떡하지… 주원이가 왔어. 같이 좀 있어줘야 될 거 같은데….
찬영	(당황한다) 주원이 왔구나? 혼자 왔어? (듣는다) 아이고… 다 컸다. 혼자 아빠 회사도 찾아오고. 그래 그럼 나중에 보자. 아냐 아냐. 진짜 별일 없어. 응. 응… 응~!

씩씩하게 끊었지만, 표정은 좀 헛헛하다. 흠… 창밖을 본다.
고독하다. 비가 내린다. 더 우울하다.

비가 내린다. 선우와 소원이 차를 마시며 나란히 앉아 내리는 비를 보
고 있다.

소원   오빠.

선우   응.

소원   미국에 돌아가셨어?

선우   아버지?

소원   응.

선우   (씁쓸하게 웃는다) 오빠도 잘 모르겠다.

소원   나 때문에 그러지 마. 상황만 더 나빠져.

선우   더 나빠질 것도 없어.

소원   그래도….

한참을 말없이 비를 바라본다.

소원   언니랑은 뭐 하고 놀아?

선우   그냥 뭐. 골프도 치고. 게임도 하고. 캠핑도 가고.

소원   생각보다 프로그램 많네?

선우   (웃는다)

소원   (선우 손가락 보며) 커플링은 안 해?

선우   (주춤) 그런 게 중요하냐. 마음이 중요하지.

소원   난 어려서 그런가 그런 거 기대되고 그렇던데.

선우   부담될 거 같아서.

소원   하긴, 얼른 잘돼서 결혼반지가 낫겠다.

선우	그거 좋다. (웃는다) 야, 비오니까 만둣국 먹고 싶다. 근처에 없나?
소원	파스타 먹자. 여기 이모님 밥 맛있는데 파스타는 좀 그래.
선우	비 오는 날은 파스타지. 가자!

선우와 소원 자리를 나선다.

13. 은행 창구 (낮)

주희와 주희 모, 은행 안으로 들어온다. 주희는 어리둥절한 얼굴이다.

안내 직원	안녕하세요. 어떤 업무 도와드릴까요?
주희 모	아 저… 계좌이체 할 건데, 창구에서 하려구요.
안내 직원	네 잠시만요. (번호표 뽑아준다) 3번 창구에서 도와드리겠습니다.

주희 모, 주희를 데리고 창구 쪽으로 간다.

/창구.
여직원, 계좌이체 중이다. 주희는 엄마 옆에 앉아 버름하다.

주희	(소근) 엄마 계좌이체에 왜 나를 굳이 데리구 오구 그러냐고. 나 바쁘다고 나름.
주희 모	백수가 뭘 바빠.
주희	무슨 서운한 소리야?
여직원	(영수증 주며) 계좌이체 해드렸어요. 영수증 확인해보시겠어요?

주희 모, 흐뭇하게 확인한다. 주희는 자세히 보지 않는다.

여직원   적금 만기됐는데 왜 안 오시나 했어요. 축하드립니다.
주희 모   고마워요. (영수증 주희 주며) 너도 통장 확인해봐.
주희   (영수증 보며) 내 통장 왜. (하다가 눈이 커진다) 어….
주희 모   결혼이나 하면 주려고 했는데, 금방 갈 거 같지도 않고.
주희   엄마 이게… 이렇게 큰돈을 왜….

여직원, 흐뭇하게 본다.

주희 모   일어나 얼른. 다른 손님들 기다리잖아. (직원에게) 감사해요.
여직원   별말씀을요. 또 뵙겠습니다.

활짝 웃는 여직원.
주희는 잠시 대기 의자에 엄마를 앉히고 곁에 앉는다.

주희   엄마 이게 뭐야. 왜 나한테 …!
주희 모   이거 가지고 하고 싶은 거 해. 너 대학 갔으면 등록금만 해도 이 돈은
썼을 거야. 니 몫이니까 니가 써.
주희   나 돈 모은 거 있어. 다시 이체하자. 아 왜 그래 이 큰돈을!
주희 모   보태서 뭐든 해봐. 직장 오래 다녔잖아. 다시 취직할 생각 하지 말고 요
긴하게 써. 그래야 엄마 마음 편해.

주희, 너무 고맙고 당황하고 속상하고 엉망이다.

주희   아 엄마 증말… 힘들게 모아서 날 뭐 하러 줘.

엄마 가지고 있다가 여행 가시구 그래!

주희 모   됐어 일어나. 엄마 밥이나 사줘. 배고파.
주희   (아 진짜… 진지하다) 소갈비 먹을래?
주희 모   (등짝 팍!) 씀씀이 커지기만 해 아주.

주희 모 일어나 나가고, 주희 졸졸졸 따라 나간다.

14.   진석 집 거실 (밤)

선주가 명한 얼굴로 창밖을 바라보고 있다.
도어록 누르는 소리 들리고 진석이 주원이를 업고 들어온다.
돌아보는 선주. 진석, 주원의 방으로 그대로 들어간다. 잠시 후 나오는
진석.

진석   많이 뭐라고 하지 마. 어린 마음에 거기까지 온 게 안쓰럽잖아. 내가 더
          챙길게…. 간다.
선주   그 사람 가면.

진석, 놀라서 돌아본다.

선주   정찬영 씨… 가면. 돌아오니 당신?

선주의 눈이 슬퍼 보인다. 진석은 매우 놀란다.

진석   누구 만났어.

선주	정찬영. 만나자고 연락이 왔어. 폭탄선언 듣고 왔어.
	믿지 않겠지만… 좀 슬퍼.
진석	간다.
선주	대답해주고 가.
진석	(착잡한 눈으로 선주를 본다) 찬영이 아픈 거 알기 전에 이혼하자고 했
	어. 그 문제가 아니야.
선주	안 돌아온다는 거지?
진석	응.
선주	내가 반칙인 건지… 당신들이 반칙인 건지….

선주, 방으로 들어간다. 진석, 찬영이 생각에 서둘러 나간다.

15. 주희 집 주희 방 (밤)

주희, 차를 타서 엄마에게 내준다.

주희	삼겹살 먹고 차가운 거 마시면 설사해. 이거 마셔.
주희 모	너무 먹었어. 소화시키고 자야 되는데.
주희	나랑 얘기해 그럼. 소화되게. (방긋)
주희 모	(차를 마시며) 오늘은 어디 갔다 왔어? 애들 만났어?
주희	어. (대답해놓고 주춤…) 저기 엄마.
주희 모	(본다)
주희	(조심스럽게) 오늘 있잖아… 미조 친엄마 만나고 왔어….

주희 모, 들고 있던 찻잔이 흔들….

주희 모	…. 미조는… 미조는 어떻디?
주희	많이 울었어.
주희 모	…. (억장이 무너진다)
주희	혼자… 힘들었지? 엄마 혼자 말도 못 하고 힘들었지 엄마….

주희 모, 눈물이 맺힌다.

주희 모	니들이… 유난히 사이가 좋잖아. 그래 내가 차일피일… 미안해서 어쩌니.
주희	우리, 아무도 그렇게 생각 안 해. 엄마가 혼자 힘들었겠다 싶지.
주희 모	…. 착하다. 다들 착해. 그래서 말을 못 했어. 그래서….

주희, 엄마의 손을 두 손으로 잡아준다.
주희 모, 눈물이 맺혀 너무나 가슴 아파한다.

16.   차 교수 집 거실 (밤)

미조와 차 교수 소파에 뻗어 있다. 힘들다. 미현이 들어온다.
손에는 찜닭 포장을 들고 있다.

미현	엄마~! 아빠~! 어, 차미조 왔어?
미조	엄마 다친 거 알았어?
미현	어.
미조	나한테 왜 말 안 했어.
미현	이제 할라고 했지.
미조	알면서 이제 왔냐? 아빠랑 나랑 지금까지 청소했어.

미현	잘했~으! 역시 둘째 딸!
미조	화장실 쓰지 마. 내가 진짜 열심히 청소했어.
미현	손도 못 씻냐? 아빠 찜닭 사 왔어!
차 교수	배고파서 현기증 난다….
미조	당면 추가했지?
미현	넌 먹지 마. 화장실이나 가.
미조	아빠 저 봐. 맨날 저래.

미현, 주방으로 가 식탁에 찜닭을 꺼내며 세팅한다.
미조 모 방에서 나온다.

미조 모	왔어?
미현	엄마 좋아하는 찜닭 사 왔지~!
미조	(젓가락 들고) 엄마 밥 있나?
미현	너 아침부터 김선우랑 데이트하면서는 뭐 했어. 밥도 안 먹냐?
차 교수	데이트했어?
미조 모	그럼 뭐 하러 여길 와 더 놀지….
미조	데이트 아니야. 찬영이랑 주희도 같이 있었어.
미현	그 조합으로 어디서 뭐 하냐 대체? 영화 보니? 카페 가?
미조	(당황) 어?
미현	아니 나 궁금해서 그래. 그 둘은 눈치껏 빠져줘야지. 그치 아빠?
차 교수	그렇지.
미현	넷이 어디 갔었냐고, 진지하게 궁금해.
미조	(뜨끔) 드라이브.
미현	참 영양가 없이 휘발유 축내고 산다.

미조, 물 잔을 꺼내 각자 앞에 놔둔다.

미조 모	미조 무슨 상의할 일 있어? 데이트하다 말고 온 거야?
미조	(엄마 팔 보며) 아. 그거… 언니 때문에 스트레스 받는다고. 그 말 할라고.
미현	미친… 야!! 내가 더 이상 얼마나 널 사랑해줘야 돼, 어! 미친 거 아니야?
미조	저 봐. 저런다니까. 막 언성을 높이고, 별일도 아닌데 성질을 내고 막.

엄마 나 심장 뛰는 거 봐.

미조 모	미조한테 왜 그래. 그거 다….
미현	노처녀 욱심 아니야. 그만해.
차 교수	아빠랑 요가하자. 요 앞에 학원 좋드라.
미현	차미조 너 일루와. 왜 애먼 나를 가지구… 마당으로 나와 너!
미조	(무시) 엄마 내가 살 발라줄게.

미조, 먹음직스러운 닭다리 집어서 살을 바른다.
쭉 늘어난 치즈를 함께 올려 엄마 입으로 가져가는 미조.

| 미조 | 치즈랑 같이 드셔봐. 아~ |

엄마, 한 입 받아먹는다. 미조, 엄마가 잘 드셔서 기분이 좋다.

미조 모	음… 더 맛있네.
미현	내가 사 온 거야.
미조	내가 먹여줄게 엄마~
미현	돈은 내가 쓰고 생색은 지가 내고 증말.
차 교수	(뒤적이며) 닭다리 하나는 왜 안 보여…?
미현	(진지하다) 내가 안에다 숨겨 달라 그랬거든. 차미조 다 먹을까 봐.

미조, 어처구니가 없다.
자연스럽고 편안해 보이는 네 사람.

17.　찬영 집 침실 (밤)

누워 있는 찬영. 잠도 오지 않고 고독하다.
일어나 앉아 무릎에 고개를 묻고 있다. 초인종 소리가 들린다.
문을 열면, 엄마와 아빠가 비를 털며 들어온다.

찬영　　엄마! 아빠…!
찬영 모　비가 갑자기 꽤 내린다?
찬영 부　내가 우산 챙기자 그랬잖아. 니 엄만 내 말 진짜 안 들어.

갑자기 소란해지는 거실. 그 소란이 좋은 찬영.
비 젖은 엄마를 와락 안는다.

찬영　　온다고 전화하지. 갑자기 와서 더 좋잖아~.
찬영 부　집 알아본다고.

찬영, 엄마를 안은 채 소파에 같이 앉는다.

찬영　　집?
찬영 모　여기랑 가까운 데 있어야 될 거 아냐.
찬영　　여기 있으면 되잖아.
찬영 모　너… 저기 뭐냐….

찬영	진석이 오빠 있을까 봐 그래???
찬영 부	거봐 내가 그냥 여기로 들어오자고 했잖아….
찬영 모	얘도 지 입장이 있지.
찬영	아이고… 우리 엄마 아빠 다 큰 딸 프라이버시 생각하셨어? 귀여워 아주!
	오빠 이제 안 와.

찬영 부, 찬영 모 눈 동글.

찬영	오지 말라고 했어. 집에 들어가든 이혼을 하든 알아서 하고… 그냥 뭐…
	좋은 사이로. 잘 지내다가. 그러다가 뭐….

숙연해지는 분위기. 아버지 분위기 바꾼다.

찬영 부	차 뽑았다!
찬영	벌써?
찬영 모	내일 나오지?
찬영 부	중형 세단이야. 승차감 끝내준다!

찬영, 부모님과 함께 있으니 자꾸 웃는다.

18. 찬영 집 현관 앞 복도 (밤)

엘리베이터가 열리고 진석이 내린다.
도어록 누르려다 초인종을 누르려는데 소리가 넘어온다.

찬영(E)	우리 차 나오면 백화점 주차장 가자. 그거 해보고 싶다고!
찬영 부(E)	백화점 꼭 가야지, 계속 조르게 생겼어.
찬영 모(E)	커피 한잔하고 나오지 뭐.
찬영(E)	백화점엘. 커피 마시러?

즐거운 소리가 넘어온다. 진석, 다시 엘리베이터 버튼을 누른다.
아쉽기도 하고, 다행이다 싶기도 하다.

19.   주희 집 근처 부동산 앞 (낮)

주희, 상가 임대 안내지를 유심히 보고 있다.

주희	권리금을 뭐가 이렇게….

찬찬히 살펴보는데, 옆에 현준의 얼굴이 슥 들어온다.

주희	어!!!
현준	뭐해요?
주희	오늘 휴일인데 나왔어요?
현준	쉬는 날 집 좀 알아보려고요. 이사를 아직 못해서.
주희	아… 이쪽으로 오려고?
현준	아침에 길이 너무 막혀. 갈 때도 운전하려니까 졸리고.
주희	그러네….
현준	누님은 뭐 찾아요?
주희	누님… 누님은 좀 그래. 들을 때마다 이상해.

현준	음… 그럼 누나라 그럴게요.
주희	그게 좀 낫긴 하다. 난 그냥… 요즘 아파트값 어떤가 해서.
현준	집 보는 거 같이 봐줄래요? 금방 알아보고 점심 같이 해요.
주희	그래요.

두 사람 같이 부동산 안으로 들어간다.

20. 중국집 (낮)

주희와 현준이 메뉴판을 보고 있다.

주희	맨날 중식 만들면서 쉬는 날도 중식… 되게 좋아하나 봐.
현준	(진지하다) 여기 짜장면이 그렇게 맛있대. SNS 맛집. 유명한 데는 다 먹어봐야죠.
주희	진짜 열심이다… 뭐 먹지…?
현준	짜장면이랑, 울면!
주희	난 취향 없나?
현준	두 개가 유명하거든요.
주희	그래서 같이 오자고 했네.
현준	혼자 두 개 시키면 짠해 보이잖아요. 대신, 먹고 드라이브가요! 매일 가게에 있으니까 답답하잖아. (싱긋)

주희, 현준이 자꾸 귀엽다. 이때 카톡이 온다. 찬영이다.

카톡/ 날씨 기가 막힘. 분위기 좋은 데서 커피 한잔 때리자.

| 현준 | 어디 가고 싶은데 없어요? |
| 주희 | 있어요. |

21. 카페 앞 (낮)

현준의 자동차가 선다. 주희가 내린다. 운전석의 현준을 본다.

주희	같이 들어가서 커피 한잔하고 가지….
현준	방 좀 더 알아봐야 되고.
주희	마시고 같이 가서 알아봐요.
현준	(망설이다가) 누나들이랑 시간 보내요. 나야 뭐 이사도 오고 하면 언제라도 볼 텐데. 찬영이 누나랑 시간 많이 보내요.

현준, 속이 깊다. 주희, 그런 현준을 좀 본다.

| 주희 | (미소) 운전 조심하구! |
| 현준 | 낼 봐요~!! |

현준이 간다. 주희, 현준의 자동차를 한동안 본다.

| 주희 | 사람 참… 여러 가지로 괜찮네. |

카페 마당 (낮)

한심한 얼굴의 미조와 찬영.

찬영   인간아….
미조   가고 싶은 데가 여기야?
주희   모이라며… 날씨 좋다고 커피 때린다고 했잖아!
찬영   현준 씨랑 있다고 말을 했어야지!
주희   우연히 부동산 갔다가 만난 거야. 만난 김에 밥 먹고, 뭐… 집 좀 같이
       보고.
찬영   으유… 답답해 증말….
미조   넌 부동산은 왜 갔어. 이사해?
주희   아니. 그게… 엄마가 돈을 주더라? 오천만 원이나 모았더라고. 나 하고
       싶은 거 하라고 줬어.
찬영   엄마 멋지네. 딸 회사 짤렸다고 돈두 주고.
미조   뭐 정했어? 부동산엔 왜.
주희   뭐 가게 쪼그맣게 하나 할까 어쩔까… 몰라 아직.

세 사람 여유롭게 커피를 마신다. 이대로 참 좋다.

찬영   아, 맞다. 우리 엄마 생일이 곧이잖아. 이게 이제… 냉정하게 생각을 하
       면? 마지막 생일이라구.
미조   언제쯤 넌 노멀해질래? 꼭 그렇게 팩트 체크해야 돼?
주희   미조 말이 맞아. 철 좀 들어.
찬영   이 판국에 철들면 상당히 시리어스해져. 감당들 되시겠어?
미조   뭐 하면 돼.

주희	뷔페 예약할까?

찬영   우리 엄마 그런 거 안 좋아해.

미조   모시고 어디 좋은 데 갈래? 좋은 호텔 잡아서….

찬영   어, 선우랑 해 그런 건.

미조   아이디어를 내는 거잖아.

찬영   그런 식상한 아이디어는 사양할게요.

미조   네 그러세요.

주희   (핸드폰 사진 보여주며) 이건 어때?

보면, 특별한 주문형 케이크.

주희   맛이랑 디자인 다 정할 수 있대! 글귀도 이렇게… 봐봐, 이쁘지?

미조   링크 줘봐, 우리 언니 생일 얼마 안 남았는데 잘됐다.

찬영   우리 엄마 생일 상의하잖니. 집중하지?

미조와 찬영의 전화가 동시에 울린다.

찬영   (굳는 얼굴로 받는다) 네.

미조   누구지…. 여보세요?

둘 다 표정이 긴장된다. 주희는 음료만 쪽… 뭐지?

23.   가페 (낮)

미조 긴장한 얼굴로 앉아 있다. 앞에 선우 부가 앉아 있다.

선우 부	놀랐죠? 진석이한테 번호 받았어요.
미조	네···.

선우 부, 커피를 한 모금 마신다. 미조를 가만히 본다.

선우 부	나는. 음··· 차 원장 부모님처럼 인품이 좋지 못해요.
미조	···. (불안하다)
선우 부	소원이 사정은 들었을 거고. 선우가 그 일 때문에 화가 많이 나 있으니까 당연히 알겠지 뭐.
미조	···. 자세히는···.
선우 부	난 불편해요.
미조	···?
선우 부	차 원장이 아무리 지금··· 좋은 양부모님이랑 잘 살고 있어도 굳이 내가 며느리를 맞는다면··· 무슨 말인지 알죠?

미조, 결국 이 이야기였구나··· 커피를 마신다. 손이 좀 떨린다.
차분하게 잔을 내려놓고 선우 부를 본다.

선우 부	그런 사정이··· 이해가 되는 사람들도 있고 안 되는 사람들도 있잖아요, 그죠?
미조	네.
선우 부	자식이 선우 그놈 하나예요. 선우 엄마도 일찍 가고 선우 하나 남았어요.
미조	네.
선우 부	많이 불쾌할 텐데··· 미안합니다.
미조	···. 어려운 이야긴데··· 전하시는 마음도··· 편하시진 않을 거예요. 무슨 말인지 이해했어요.

선우 부   (흡족하다) 그럼 맘 편하게 보스턴으로 가도 되겠죠?

미조, 차분하게 선우 부를 본다.

미조   선우 씨 아버님 마음 이해합니다. 하지만, 저와 선우 씨 마음도 이해해주
       셨으면 해요.

선우 부, 얼굴 차가워진다.

미조   이렇게 만나면서, 걱정하시는 거처럼 결혼을 하게 될지 아닐지 생각해본
       적 없어요. 어떻게 될진 아무도 모르죠.
선우 부   그래서 이야기하는 거죠. 어떻게 되기 전에…
미조   제 마음은. (떨리지만 차분하게) 제 것이고. 선우 씨 마음은. 선우 씨 거
       잖아요. 그 마음을 탓할 순 없다고 생각해요. 제가 고아라서 불편하다
       는 아버님 마음을 탓하지 않는 것처럼요.
선우 부   계속… 만나겠다는 건가요?
미조   …. 적어도… 이 일로 헤어지진 않겠습니다.
선우 부   차 원장.
미조   그렇게 배우며 자랐어요. 제 아버지께서 늘 말씀하시거든요. 너의 삶의
       주인이 되어라. (단단한 얼굴) 지금은 선우 씨를 좋아하는 게 저의 삶이
       에요.

노여움이 가득한 선우 부 얼굴.
미조, 시선을 내린다. 떨리지만 차분하게 참아낸다.

선주와 마주 앉은 찬영. 찬영, 담담하게 선주를 본다.

선주   하고 싶은 말이 있어서 왔어요.

찬영   편하게 하세요.

선주   …진석 씨 처음 만난 게… 뉴욕… 클럽이었어요.

찬영   ….

선주   그때 그 사람 많이 취해 있었어요. 첫눈에 좋아했어요.

찬영   ….

선주   클럽 복도에서 많이 울더라구요. 누군가와 통화하면서. 왜 살고 있는지
       도 모르겠어. 눈이 떠지니까 살아야 되나 보다… 이렇게 멀리 와도 너
       밖에 생각이 안 나. 내가 잘할게. 내가 잘못했어. 다시 만나자 제발. 오
       빠 여기서 그냥 죽을 거야….

찬영, 무슨 통화인지 알 거 같다.

선주   찬영 씨 처음 만났을 때 직감했어요. 그때 그 통화의 주인공이 저 사람
       이구나. 선명하게 알겠더라구요.

찬영, 무슨 말을 해야 할지 모르겠다.

선주   그 말들이 잊히질 않아요. 한 번 들은 말이, 아직도 기억이 나. (사이) 그
       말을, 내가 듣고 싶었거든요.

찬영, 이제 선주를 바라본다. 그녀의 아픈 마음이 전해진다.

| 선주 | 한국에서 유학 온 남자들은 다 따분했어요. 유학 온 있는 집 애들 다 끼리끼리. 그 끼리끼리 중에 이런 순애보가 있나… 내가 갖고 싶다. 통화 중인 어떤 여자 말고 나였으면 좋겠다. |

선주, 다시 말을 하려니 좀 힘들다. 하지만 다시 용기를 낸다.

선주	그녀한테 좋은 답을 듣지 못했는지… 그 사람 더 많이 마셨고. 취한 그 사람 데리고 호텔로 갔어요.
찬영	무슨 말씀인지 알겠어요. 그만하셨으면 좋겠어요.
선주	(아프지만 꼭 다 말해야 할 거 같다) 헤어진 남자 친구 아이를 그 사람 아이라고 했어요.
찬영	….
선주	무슨 생각으로 그런 사고를 쳤는지… 나도 나를 모르겠어요. 아이가 태어나서 혈액형부터 다르면 들통날 텐데… 무슨 용긴지. (진심이 담긴 슬픈 눈) 그래도… 며칠이라도… 김진석 사람으로 살고 싶었어요. 다행인지 아닌지 꽤 길게 버텼죠.
찬영	…잘못하신 거예요.
선주	알아요. 저 아니면 두 사람은 아마.
찬영	저 아니구요. …주원이한테 잘못하신 거예요.

선주, 좀 당혹스럽고 창피하지만 끝까지 힘을 낸다.

선주	부탁이 있어요.
찬영	말씀하세요.
선주	진석씨 설득해줘요.
찬영	어떤 걸….

선주	주원이. 내가 데리고 가는 걸로.
찬영	….
선주	기회를 갖고 싶어요. 내가… 주원이 엄마로 잘 살아보고 싶어요.
찬영	….
선주	지켜보다가. 내가 잘 못 하는 거 같으면… 그때, 그때 데려가라고…. 설득해줘요.

선주의 진심이 담긴 눈빛. 찬영, 그 마음을 이해한다.

| 선주 | 힘든 시간 보내고 있는데… 나까지 부탁해서 미안해요. 그럼…. |

선주 일어난다. 찬영이도 일어난다. 선주, 나서다 말고.

| 선주 | 너무 억울해하지 말아요. (슬픈 눈) 나는. 한 번도 김진석 사람인 적이 없어요. 당신이 이겼으니까. |

선주, 돌아서 나간다. 찬영, 스르륵 의자에 앉는다.
거울 속 자신의 모습을 본다.

| 찬영 | 정찬영 너 이겼대. (더 슬프다) 이기긴 뭘 이겨, 다 루저고… 다 아프지…. |

물끄러미 발만 바라보는 찬영.

선우를 기다리는 멍한 미조. 기분이 안 좋다. 한숨이 난다.
선우가 온다. 맑은 선우의 얼굴. 미조, 미소를 짓는다.

선우　친구들 잘 만났어?
미조　응.
선우　찬영 씨는 어때? 컨디션 괜찮아?
미조　별말을 안 해. 씩씩하게 버티는 거 보면 더 속상해.
선우　근데 난 눈치도 없이 영화 보자 그랬다. 그치?
미조　어제부터 약속한 건데 뭐. 선우 씨까지 그러지 마. 뭐 볼까?
선우　저거 재밌대.

미조 손을 자신의 팔에 걸고 매표소로 가는 선우.
미조도 별일 없는 듯 웃으며 간다.
선우가 매표하는 모습을 보고 있는 미조. 선우의 얼굴이 유난히 착해
보인다.

FB (9화 S#23)/
선우 부　난 불편해요. 차 원장이 아무리 지금⋯ 좋은 양부모님이랑 잘
　　　살고 있어도 굳이 내가 며느리를 맞는다면⋯ 무슨 말인지 알죠?

속상한 미조. 자기도 모르게 선우를 물끄러미 바라보는데,
선우가 시선을 느끼고 고개를 돌린다. 미조와 눈이 마주친다.
미조, 행여 걱정이 전해질까 봐 살짝 웃는다. 선우도 웃는다.

산책하는 찬영과 진석.

진석   나 피하는 거 아니지? 그런 거면 혼난다 진짜.
찬영   진짜 바빴어. 나 선주 씨도 만났는데? 되게 바빴겠지?

진석, 걸음을 멈춘다. 놀라며 걱정하는 얼굴.
찬영, 진석과 벤치에 앉는다.

진석   이혼 서류 주더라. 마음 정했다고. 그 얘기… 하든?
찬영   아니. 오빠를 많이 사랑했다는 얘기.
진석   …. (마음이 무겁다)
찬영   (진석의 얼굴을 요리조리 보며) 잘생긴 얼굴은 아닌데 치명적인가 봐?
진석   하지 마라.
찬영   두 여자 마음에 제대로 꽂혔어. 어디가 매력이지?
진석   온몸이 매력이야. 철철 흐르는 거 안 보여?

둘 다 웃고 만다.

찬영   주원이 얘기했어.
진석   !!!
찬영   주원이 자기가 데리고 가게 설득해달래. 오빠, 씨알도 안 먹힐 거 같나 봐.
진석   그건 다 이야기 끝낸 거야.
찬영   주원이 엄마로 살고 싶대. 만약에… 영 그렇다 싶으면, 그때 데려가래.
진석   …. (깊은 한숨)

찬영	선주 씨 말이 맞아. 주원이한테 내내 미안할 거 아냐. 기회를 줬으면 좋겠어. 그랬으면 좋겠어 오빠. 주원이를 위해서.
진석	…. 그래. 다시 상의해야겠다. 좀 놀랐어. 그 사람이 그런 결정을 할지 몰랐어.
찬영	(하늘을 보며) 엄마잖아….

잠시 말이 없는 두 사람.

찬영	오빠. 이혼은 나 보내고 해라.
진석	(하… 또 그 이야기… 못 들은 걸로 한다)
찬영	각자의 시간이 좀 지나고 나면… 혹시 모르잖아.
진석	춥다. 아우 추워. 녹차 마시러 가자.
찬영	내가 위너라고 하더라? 자긴 한 번도 김진석의 사람인 적이 없었다고.
진석	…….
찬영	선심 쓰는 건 아닌데. 그냥 오빠가 혼자 있게 되는 게 그래 좀.

진석, 화가 난다. 속상하고 슬프고 화가 나서 벌떡 일어나 좀 가라앉히려 애쓴다.
그래도 올라오는 슬프고 답답한 마음. 그러지 않으려 하는데 눈물이 나오려 한다.
꾹꾹 참는 진석. 찬영이 곁으로 와 진석을 보는데, 진석의 눈에 남은 눈물을 본다.

찬영	왜 울어~! 아 증말….
진석	찬영아. (올라오는 감정을 누르며) 누구도 원망 안 해. 선주도 원망 안 해. 다 내 잘못이니까. 내가 겁냈으니까. 진사식품 아들이라는 껍데기 때문

	에 주원이가 내 아들이 아니라는 말도 못 했었고. 다음에 내년에… 그
	러다가… 내 옆에서 메말라가는 널 알면서도 비겁한 내가 씨발… 하….
찬영	알았어. 속상하라고 한 말 아니야.
진석	너 없이 내가 혼자 있는 게 뭐. 그게 뭐! 넌 10년이 넘도록 혼자 있었는
	데 내가 혼자 있는 게 뭐!! 나 같은 새끼가 혼자 있는 게 도대체 뭐!!!
찬영	야, 김진석!!!
진석	그러니까!!! 그러니까… 제발… 그러지 마…. 하루가 아깝단 말이야.
	니가 내 전화를 받고 나랑 산책을 하고…
	그 하나하나가 다 아깝단 말이야….

에이 씨발… 어쩔 수 없이 울고 있는 진석.
찬영, 진석이 너무 아프다.

찬영	미안해. 잘못했어. 이제 그런 말 안 할게. (슬픈 미소) 입에 발린 말 안
	할게. 이혼해. 나랑 있어. 나랑 있어….

두 사람, 와락 안는다. 그렇게 한참을 안고 울고 있다.

27.   선우 자동차 안 (밤)

운전하는 선우. 핸드폰이 울린다. 아버지다. 받지 않는다.
곧 다시 울린다. 받는다.

선우	네.

28.　호텔 룸 안 (밤)

여행 가방을 다 정리해둔 선우 부.
선우는 너무나… 너무나 분노 가득한 얼굴로 서 있다.
선우 부도 팽팽하게 소파에 앉아 있다.
선우, 아파했을 미조 생각에 테이블을 잡은 두 손이 떨린다.

선우 부　알아들을 나이도 됐잖아 둘 다. 왜 고집을 부려.

선우, 말을 아낀다.

선우 부　부모 자식 관계는! 천륜이야! 여자 문제로 얼굴 붉히지 말자.
선우　　아버지. 다시는 미조 만나지 마세요. 연락도! 하지 마세요….
선우 부　그럴 일 없게 하면 되는 거야.
선우　　미조는. 엄청난 사람이에요. 여자 문제라고 표현할 사람이 아니에요.
　　　　그런 말을 듣고도…!! 내색 하나 안 하는… 엄청난 사람이에요.
선우 부　그래. 엄청난 사람이야. 속 깊은 사람이고. 그래도 안 돼. 우리 집 사람으
　　　　로는 안 돼!
선우　　아버지가 아버지 인생을 살 때. 옳지 않은 선택을 하실 때. 사람들이 손
　　　　가락질할 때, 늘 곁에 있었어요. 엄마도 저도. 가족이니까. 그래요 천륜
　　　　이니까. 하지만 이젠 아버지의 선택에 침묵할 수 없어요. 미조를 만나면
　　　　서 깨달았어요. 침묵하면 안 되는 거다. 소중한 사람은 지켜야 한다. 그
　　　　사람, 상처받고 어떤 결정을 할지 모르지만! 설득할 겁니다.
　　　　(차갑고 단단한) 그 사람과 살아갈 겁니다.
선우 부　김선우!!
선우　　아버지도 제게 … 소중한 사람이에요. 그것만 기억해주세요.

선우, 거칠게 나간다. 남은 선우 부 엄청나게 화가 난다.

호텔 앞 (밤)

선우, 분노와 슬픔에 어쩔 줄 몰라 하며 서성인다.
핸드폰을 꺼내 미조에게 전화를 건다.
선우의 뒤로 웨딩드레스와 턱시도를 입은 모델의 호텔 예식 광고 사진
이 보인다.

선우   (아무 일도 없는 듯 예사로운) 어디야?

30.   미조 집 거실 (밤)

건조기 빨래를 꺼내며 통화하는 미조.

미조   집이지. 나? 빨래했어. 선우 씨는 밖인 거 같은데?

이하 교차/

선우   친구들 만났어. 들어가려고 이제.
미조   오랜만에 만난 거다 그치? 나랑만 놀았잖아.
선우   그래서 혼났어. 여자 친구 언제 보여줄 거냐고 조르더라.

표정은 둘 다 어두운데 티 내지 않는 두 사람.

미조	그래? 내일부터 탄력 관리 좀 받아야겠는데? 친구들 여친 다 어릴 거 아냐.
선우	…. 니가 제일 이뻐.
미조	뭐야… 느끼한 소리 그만하고 빨리 들어가. 날씨 쌀쌀해졌드라.
선우	거의 다 왔어. 따뜻하게 하고 자.
미조	응. 잘 들어가~!
선우	내일 봐~!

/화려한 사진 앞에서 너무나 슬픈 얼굴로 하늘을 보는 선우.
/건조한 옷을 쌓아둔 채 하나도 정리 못 하고 멍하게 앉아 있는 미조.

31.　케이크 숍 안 (낮)

작은 케이크 숍. 1인 운영이라 아담한 가게다.
찬영이 케이크를 주문하고 있다. 30대 후반의 여자 사장.

케이크 사장	문구는 뭘로 넣을까요?
찬영	어… 저녁까지 문자로 보낼게요.
케이크 사장	케이크 신선도 때문에 당일 오전에 만들거든요? 12시 전에는 나오니까 시간 맞춰 오시면 돼요.
찬영	네.
케이크 사장	이날은 늦어도 5시까지는 오셔야 돼요. 제가 일정이 있어서요.
찬영	네, 그 전에 올게요. 잘 부탁드려요!
케이크 사장	맛있게 예쁘게 만들어드릴게요~!

찬영, 기분이 좋다.

제이피부과 원장실 (낮)

선우, 노크와 동시에 들어선다. 미조, 놀라면서 선우를 본다.
선우의 복장이 외출 복장이다.

선우	빨랑 나가자.
미조	점심시간이구나 벌써?
선우	아니 퇴근 시간이야.

미조, 갸우뚱….

선우	다 퇴근했어. 우리도 나가자 얼른!
미조	이제 오전 진료 마쳤는데 퇴근했다고??

이상한 미조. 밖으로 나가본다.

cut to.
텅 빈 로비.

cut to.
깔끔하게 정리 후 퇴근한 차 실장 룸.
미조, 눈이 휘둥그레진다. 선우를 돌아본다.

선우   사람 말을 왜 안 믿어?

33.   선우 자동차 안 (낮)

선우 운전 중. 미조, 어이가 없는 얼굴로 참 나….

미조   아니… 병원 휴진을 원장인 나만 몰랐다는 거잖아?
선우   내가 차 실장님이랑 간호사님들한테 부탁했지. 오늘 오후 비워달라고.
미조   어쩐지 오후에 예약 환자들이 없더라.
선우   (씩 웃는다)
미조   어디 가는 거야?
선우   강릉.
미조   뭐??? 지금???

선우, 배를 째라~ 열심히 운전을 한다. 미조는 더 어이없다.

34.   강릉 바다 (낮)

바다를 보니 기분이 좋은 미조. 숨이 확 트인다.
그런 미조를 보는 선우, 뭔가 뿌듯~하다.

선우   거봐, 바다 보니까 좋지? 근심 걱정이 싹 사라지잖아. 그치?
미조   좋긴 좋다.
선우   나 잘했지?

미조   바다는 주말에 보면 되지, 휴진까지 하는 게 좀….
선우   주말은 차 막혀.

미조의 손을 덥석 잡는 선우.

선우   놀자!

선우, 미조 손을 잡고 바닷가 모래사장으로 달려든다.
미조, 신발에 모래 들어간다고 하면서도 선우를 따라 바다로 달려든다.
미조와 선우, 푸른 바다를 보며 즐거워한다.
서로 이야기를 하고, 웃고, 툭툭 치면서 산책도 하고… 좋다.

35.   바닷가 카페 (낮)

창가에 긴 테이블. 창 너머로 바다가 보이는 카페.
창가 테이블에 나란히 앉아 바다를 보며 커피를 마시는 미조와 선우.
미조, 따뜻한 커피도… 바다 풍경도… 오랜만이다.
이때, 스피커에서 잔잔하게 라흐마니노프 협주곡이 흘러나온다.
미조, 눈이 동그래져서 손가락을 세워 음악을 가리킨다.
선우도 오~~ 장단을 맞춰준다.

미조   오늘 너무 완벽한 거 아니야? 대박… 라흐마니노프야!
선우   이거 다… 내가 준비한 거야.
미조   (풉…) 아… 바다도 먼저 와 보고… 카페도 섭외하고… 음악도 선곡해서
       틀어달라고 하고?

선우 응.

웃긴다. 정말 농담으로 여기며 아담한 카페를 둘러보는데…, 손님이 하나도 없다.

인서트/
카페 앞. 문구 붙어 있다.
[당일 촬영 협조로 인해 6시 이후부터 오픈합니다]

미조, 어… 뭔가 이상한데? 선우를 본다.

선우 좀 믿자 이제. 정말 내가 일주일 전부터 기획한 거라니까?
미조 (이젠 좀 흔들린다) 정말…? (갸웃) 왜???

선우가 돌아보자, 투박하게 생긴 카페 주인아저씨가 투박하게 다가온다.
커피 내주듯, 주얼리 상자 하나를 미조 앞에 턱. 다시 무심하게 자리로 가는 주인.
미조는 주얼리 상자를 보고 눈치를 챈다. 맙소사…. 선우를 보고 웃는다.

선우 (정말 믿어줘) 최선을 다했다.

선우, 미소를 지으며 상자 열어서 보여주면 예쁜 커플링이 두 개.
놀라고 좀 어색한 미조.

미조 뭐야… 이거 주려고 강릉까지 온 거구나?
선우 매장을 몇 번을 갔어. 이런 거 하자고 하면 유치하다고 할까 봐 매번 보고만 나왔어.

미조, 상자 안의 반지를 바라본다.

선우   이런 게 중요한 게 아닌 거 아는데. 지금 나는… 아주 중요해.

선우, 걱정 반 설렘 반 손이 좀 떨린다. 미조, 이 반지를 받아도 될까….

FB (9화 S#23)/
미조 이렇게 만나면서, 걱정하시는 거처럼 결혼을 하게 될지 아닐지 생
        각해본 적 없어요. 어떻게 될 진 아무도 모르죠.
선우 부 그래서 이야기하는 거죠. 어떻게 되기 전에…

심하게 갈등이 되는 미조.

선우   내가 너를 얼마나 사랑하는지 매일매일 알게 해줄게.

미조, 간절한 선우의 얼굴을 본다. 한참을 보는 미조.
미조, 커플링을 한참 바라본다. 예상과 다른 미조의 반응에 초조해지는
선우.

미조   (뜬금없이) 나, 전과 7범 딸이어도… 좋아?
선우   (아이고 미조야…) 그게 무슨 말이야….
미조   진지한 질문이야. 정말 궁금해.
선우   (미조 눈을 깊게 바라보며) 나는. 차미조 니가 좋아. 너 차미조가 좋아
        서 죽겠어. 하루 중에 출근 시간이 제일 설레고 퇴근 시간이 제일 아쉬워.

미조, 선우의 진실한 고백에 설레기도 하고 걱정도 되고 두렵기도 하다.
선우, 망설이는 미조가 불안하다.

미조   나 자수할 거 있어.
선우   미안해. 그런 말 듣게 해서.

미조, 놀라서 선우를 본다. 너무 마음이 아픈 선우의 얼굴.

선우   너무너무 미안해. 미안해….
미조   왜 선우 씨가 미안해. 선우 씨.
선우   (아프게 본다)
미조   내가 누구의 딸이건 상관없어. 내가 어떻게 할 수 없는 일이잖아. 아버
       지 말씀이 속상해. 근데… 그것도 선우 씨 의지가 아니잖아. 그래서 괜
       찮아.

선우, 유난히 아름답고 현명한 미조를 바라본다. 미조, 손을 내민다.

미조   사이즈 맞게 만들었어? 사이즈 안 맞으면 다시 생각해볼 거다?

선우, 살짝 쫀다. 긴장해서 미조 손가락에 반지를 끼워준다. 잘 맞는다.

선우   (두 주먹 불끈 쥐고) 오케이!!!
미조   딱 맞는다. (진짜 예쁜 미소)

너무 행복해서 미소가 사라지지 않는 선우. 미조가 남자 반지를 꺼내
선우 손가락에 끼워준다. 두 사람 서로 손을 내밀어 커플링을 보며 행

복하다.

미조 집 앞 선우 자동차 안 (밤)

선우, 아쉽게 미조를 보낸다.

선우   잘 자.
미조   졸지 말고. 도착하면 전화해.

따뜻하게 웃는 선우. 쿨하게 내리는 미조.
선우, 출발한다.

37.   미조 집 앞 (밤)

미조, 멀어지는 선우 차를 본다. 전화를 건다.

38.   선우 자동차 안 (밤)

핸드폰이 울린다. 미조다.

선우   어. 뭐 놓고 내렸어?
미조   차 한잔하고 갈래…? 국화차 있거든.

선우, 빙그레 웃는다. 비상등을 켠다.

39.   미조 집 앞 (밤)

저만치 비상등을 켠 선우 자동차를 보는 미조.
선우의 자동차가 후진해서 다시 온다. 미조 앞에 서는 자동차.
선우가 내리자마자 미조를 와락 안는다. 미조의 얼굴을 가까이 두고 바
라보는 선우.
미조의 두 눈이 아름답다.

선우   이렇게 심장 터지는 후진은 처음이다.
미조   와… 멘트 봐. 점점 좋아져?
선우   차미조니까 좋아지지.

서로 가볍게 장난스럽게 여러 번 입술을 맞추는 미조와 선우.
미조 볼을 감싼 선우의 손에 반짝이는 커플링.
선우의 허리를 감은 미조의 손에 반짝이는 커플링.

40.   제이피부과 원장실 (낮)

손가락 반지 보며 웃는 미조. 진료 이어가려는데 유선전화가 울린다.

미조   네.
경숙(F)   엄마야.

미조	네?
경숙(F)	엄마라고. 나.
미조	….

41.   교도소 안 공중전화 부스 (낮)

생글거리는 얼굴로 통화하는 경숙.

경숙	놀랐니? 니 이름 치니까 병원 금방 나오더라.
미조(F)	네….

이하 교차/

경숙	핸드폰 번호를 알려주면 편할 뻔했어. 너 그렇게 급하게 가서 얘.
미조	….
경숙	왜, 좀 불편하니?
미조	제가 연락할 일 있으면 찾아갈게요.
경숙	내가 연락하고 싶으면?

당황하는 미조. 이 뉘앙스가 좀 이상하다.

미조	병원으로 연락 주세요.
경숙	엄마가 마음이 아프다. 딸 번호도 모르고….
미조	…. 제가 아직… 부모님께 상의를 못 했어요.
경숙	엄마랑 딸이 연락하고 지내는 걸 왜 양부모한테… 너 곧 마흔이야.

어른이잖아.

미조   제가 진료가 있어서요. 별일 없으시면 이만 통화 마칠게요.

/서둘러 전화를 끊는 미조. 겁이 난다.
/께씸한 얼굴의 경숙. 슬슬 약이 오른다.

42.   백화점 여성 구두 숍 (낮)

찬영이 구두를 고르고 있다. 엄마 구두를 고른다. 그러나 컨디션이 나빠
보인다.

찬영   굽이 좀 낮은 걸로 보여주세요.
남직원   이게 굽도 낮고 신으시면 편하세요. 어머니들 많이 좋아하시는 모델이
       에요.
찬영   (구두를 본다) 이걸로 주세요. 235.
남직원   잠시만 기다려주세요. 준비해드릴게요.

남직원, 구두를 찾으러 이동한다. 남은 찬영은 식은땀이 난다.
배가 너무 아프다. 의자에 앉는다. 그래도 가라앉지 않는 통증.
가게 안 모습이 흔들려 보이는 찬영. 너무나 고통스러운 통증.
가물가물… 버티려 해도 소용없다. 그대로 쓰러지는 찬영.

43.   찬영 집 주방 (밤)

        찬영 모와 찬영 부 식탁에 앉아 있다.
        찬영 모 가스레인지 위 냄비를 열어본다.

찬영 모   미역국 끓였나 봐?
찬영 부   간은 맞나?
찬영 모   (한 숟가락) 산 거 같다.
찬영 부   모른 척해. 근데 얘는 왜 안 와?
찬영 모   그러게? 오겠지. 당신 좀 쉬어.

44.   병원 응급실 안 (밤)

        찬영이 깬다. 정신이 번쩍 드는 찬영. 얼른 핸드폰을 본다. 7시다.

찬영   케이크…!!!

        전화를 건다. 전화를 받을 수 없다는 음성 안내로 넘어간다.
        또 걸고, 또 걸고…

찬영   (다급하다) 여기요!!!!

        찬영, 애가 탄다.

45. 케이크 숍 안 (밤)

유리 냉장고 안에 있는 찬영이 주문한 케이크.
모두 찾아가고 찬영의 케이크만 남아 있다.
[엄마, 엄마, 엄마! 사랑해] 데코되어 있다.

46. 케이크 숍 앞 (밤)

눈에 뻔히 보이는 가게 안 케이크를 애가 타게 바라보는 찬영.
또 전화를 걸지만, 역시나 받을 수 없다는 음성.

미조(E)   찬영아!!!

찬영이 울상으로 돌아보면 미조와 주희가 달려온다.

주희   너 괜찮아?
미조   어디서 쓰러졌어!!!
찬영   야, 저거… 저거 어떡해… 엄마 좋아하는 맛이란 말이야 녹차 맛….

서러워서 눈물이 나는 찬영.

찬영   내가 저기에 씨… 엄마 진짜 사랑한다고….

미조, 찬영을 안아서 다독인다. 미조와 주희 속상해 미치겠다.
찬영 모에게 전화가 온다. 찬영, 눈물 멈추고 전화를 받는다.

찬영   어 엄마! 아 미안… 내가 레슨실에 급한 일이 생겨서… 배고프지? 그
       거 미역국 드시고 계셔. 나 시간 좀 걸려. 미안….

찬영, 케이크를 원망스럽게 넘어다본다.

(시간 경과)
케이크 숍 앞에 나란히 앉아 있는 미조, 찬영, 주희.

찬영   10시다. 엄마 생일 끝나겠다.
주희   초코파이라도 사서 쌓을까?
찬영   초도 없어.
주희   아 초….

미조, 벌떡 일어난다. 가게 안을 뚫어져라 본다.

미조   찬영아.
찬영   (힘없이 올려다본다) 어.
미조   간절히 원해? 저거?
찬영   니가 나여 봐라, 간절하지. 아 씨… 왜 하필 그때 쓰려져! 죽는 것도 서
       러운데 엄마 생일날 이 지랄이야!! 씨….

무릎에 얼굴을 묻고 절망하는 찬영. 주희는 곁에서 계속 다독인다.

미조   (비장하다) 가져가자, 케이크.

찬영과 주희 어?? 미조를 본다.

/커다란 돌을 들고 서 있는 미조. 찬영과 주희도 하나씩 들고 있다.

찬영   너 전과자 될 수 있어.
미조   하나만 생각해. 엄마 생일.
주희   난 고졸에 전과자까지 되면 시집가긴 텄어.
미조   그니까 넌 내려놔~!
주희   내가 힘 젤 세.

세 친구 뒤로 몇 걸음 물러난다. 세 친구 동시에 돌을 던진다.
그 모습에 들어오는 신나는 음악. 와장창 깨지는 유리.
세 친구 던져놓고 놀라서 서로 껴안는다.

(점프)
찬영의 손에 들려있는 케이크. 미조와 주희는 머리가 흐트러져 있다.

미조   빨리 가.
찬영   뒤처리 어쩌냐…?
주희   늦어, 빨리 가!
찬영   (안절부절) 일단 엄마 이거 주고 올게!
미조   오지 마. 우리가 알아서 할게. 빨리 가~!

찬영, 케이크 들고 택시 찾으며 큰길 찾아 달려간다.
남은 미조와 주희. 일단 다리에 힘이 풀려 둘 다 가게 앞에 털썩 앉는다.

미조   수습을… 잘 해야지. 잘….
주희   쫌 무섭다. 그치?

두 사람 피식 웃음이 난다. 다시 멍해지는 미조와 주희.

주희 미조야.

미조 응.

주희 그때 한 말. 별이 슬프게 예쁘다고 한 거 있잖아.

미조 (생각이 난다)

주희 알 거 같아. 이 말을 꼭 하고 싶었어.

미조, 주희의 팔짱을 낀다. 어깨를 기댄다.

미조 서울은 별도 없다.

주희 근데… 우리 어떡하냐?

미조, 핸드폰으로 검색한다. '망원지구대' 전화를 건다.

미조 수고하십니다. 저기… 제가 기물 파손을 했는데요….

주희 절도는 아니지?

미조 절도는 아니지. (에이… 씨) 아니구요. 아니요, 장난전화 아니구요.
예약한 물건을 찾다가 기물이 좀… 파손돼서요. 여기 주소가…

주희, 케이크 숍 블로그 열어 주소 보여준다.

47. 찬영 집 거실 (밤)

케이크 위에서 타들어가는 촛불. 후~ 불면 불꽃 사라진다.

찬영과 찬영 부가 박수를 친다.

찬영   생일 축하해 엄마~!!

찬영 모   왜 이렇게 늦나 했더니 이렇게 신통방통한 걸 만들어 오느라 그랬어?

찬영 부   먹는 거 맞지? 이뻐서 먹어도 되나 모르겠다, 야.

찬영, 케이크 자르며.

찬영   엄마 좋아하는 녹차 맛이야. 이봐, 완전 녹색이지? 빨리 먹어봐~!

찬영 모, 오물오물… 맛있다.

찬영 모   맛도 기가 막히네… 솜씨들이 참 좋다.

찬영   맛있지?

찬영 부   선물은?

찬영   내가 있지… 그걸 픽을 못 했어. 진짜 이쁜 구두 주문했거든.
　　　　내일 찾아올게!

찬영 모   당신은 선물.

찬영 부   난 찬영이 선물 뭔지 보고 준비 할라했지. 구두면… 나는… 옷 사줄까?

찬영   그래 엄마 맨날 면바지만 입지 말고 원피스 하나 해라!
　　　　구두랑 딱이다 아빠~?

찬영 모   아유 치마는 안 해. 돈으로 줘 그냥.

찬영   또 그런다….

시계는 11시 50분이다. 세 사람이 조촐하고 행복한 시간을 보내고 있다.

케이크 사장, 눈물을 글썽이며 너무 가슴 아프다….

케이크 사장 그런 사정이면 합의해드려야죠… 어쩐지 그걸 만드는데 뭔가 마음이
찌르르한 게… 어머 그랬구나….
미조 전화를 좀 받으시지….

이때, 찬영이 다급하게 들어온다.

미조 뭐 하러 와….
주희 생축했어?
찬영 어. 잘했어…. (사장 보며) 저기, 너무 죄송해요. 제가 사정이 있어서….
보상 말끔하게 해드릴게요, 제발 저기… 저희들 합의를 좀.
케이크 사장 합의 당연히 해드려야죠. 친구 분이 벌써 다 정리해주셨어요.

미조, 다행이라는 듯 웃는다.

케이크 사장 제가 3년 만에 들어온 소개팅이라 전화기를 비행모드로 해가지구….
미조 아이구… 집중하셔야죠. 저희가 죄송해요.
케이크 사장 (찬영 손 꼭 잡고) 힘내세요.
찬영 (당황) 네…. 뭐… 네.

파출소 사람들도 짠하게 찬영을 본다. 파이팅… 모션을 보여주며 짠하
게 본다.

찬영   네… 파이팅… (얼결에 파이팅 모션)

찬영, 미조와 주희를 노려본다. 두 사람, 어쩔 수 없었다는 시선 회피.

49.   포장마차 안 (밤)

세 친구 둘러앉아 메뉴판을 본다.

미조   계란탕 하나랑….
주희   조개탕도 하나 하자. 맛있겠당~!
미조   이모님 여기 계란탕 하나랑 조개탕 주세요! 청양고추 빼주세요!

찬영, 두 사람을 아이구 이 사람들아… 본다.

찬영   이모, 매운 오돌뼈도 하나 주세요!
미조   매운 거 안 땡겨.
찬영   난 안 먹을 테니까 너네 먹어. 오늘 같은 날은 매콤해야 돼.
주희   (자기도 모르게 입맛을 다신다)
찬영   얘 침 고이는 거 봐라. 소주도 한 병 주세요!
미조   야.
찬영   난 안 마셔. 장주희 노동주 한잔하라 해.

헤헤 웃는 주희. 미조, 그래 먹자. 웃는다.
미조, 젓가락 놓아주는데, 주희와 찬영이 커플링 발견.

주희   어! (미조 손가락 가리키며) 너 그거 뭐야.
찬영   어! 그거 김선우 손가락에도 있을 거 같다?

미조, 커플링 보이도록 머리를 쓸어 넘긴다.

미조   뭐 대단한 일이라구.
찬영   뿌듯하다. 기특해! 낼모레 마흔에 남들 하는 거 다하고.
       임신 그런 소식은 없니?
미조   기운 없어서 대꾸도 하기 싫어.
주희   집에 가서 파스 붙이자, 근육 놀랬을지도 몰라.

돌 던지는 모션을 하는 주희. 소주와 잔이 왔다.
주희, 소주 회오리 만든 뒤 뒤집어 툭툭!
두 잔에 소주를 따르고 한 잔에 생수를 따른다.

미조   이 커플링 낀 손으로 짱돌을 던졌어. 선우 씨한테 비밀이야.
찬영   그래. 커플링 낀 그 섬섬옥수로 김선우를 보듬어줘야 하는데. 책임을 통
       감한다.
주희   마셔.

세 사람 건배하고 원샷! 크… 주희 바로 잔을 채운다.

주희   좀 멋있지 않았나 우리?
찬영   그게 멋이냐? 우린 파출소 경찰서… 단골 나셨어 아주.
주희   맞다! 미조 병원도 한 번 털렸었지? 우리 그때 머리 다 쥐어뜯기고 막!
미조   (문득) 그 불륜 의사 찾았을까 그 아줌마들?

찬영	소문 없어? 동넬 거 아냐.
주희	행복하게 잘 살면 좋겠다. 화해하고 응?
미조	별 걱정을 다 해.
주희	축복해주는 거잖아.
찬영	케이크 사장님도 애프터받았음 좋겠다.
주희	맞다. 그치 응?
미조	그 시간까지 같이 있었으면 애프터 각 아니냐?
찬영	아이고, 커플링 하신 전문가님 소견은 그러세요?
미조	한… 80프로 예상합니다.

소소한 이야기를 나누며 웃고 떠드는 세 친구.

찬영(N)	나 어쩌면… 이대로 계속 살 수 있지 않을까…? 이런 날이면 그런 생각을 해.

찬영, 싫다고 버티는 미조 손가락 반지를 빼보려 장난을 친다.

주희(N)	한 번도 둘이 될 거라는 생각을 해본 적이 없어. 너 없는 미조와 나는… 괜찮을까…?

찬영, 커플링 대신 소주 뚜껑 고리 떼어서 반지 만들어 주희 손가락에 끼워준다.
주희, 에이… 찬영은 좋다고 깔깔 웃는다.

미조(N)	있잖아요. 우리 말이에요. 소주랑 오돌뼈만 있어도 이렇게 좋아요.

천 밤, 또 천 밤, 또, 또 천 밤, 계속 천 밤.
그렇게… 살게 해주세요.

이 시간만큼은 이별의 그늘에서 벗어나, 지금이 영원한 듯, 철없고 행복한.
각자의 얼굴에서.

엔딩.

제10화

결자해지:
일은 맺은 사람이 풀어야 한다

1.   프롤로그

/미조 집 거실. 선우와 미조가 소파에서 편한 시간을 보내고 있다.
선우, 핸드폰을 들고 마구 웃는다. 미조는 나 참… 초월한 얼굴이다.

선우   조회수 백만 넘었어. 와 유튜브 스타야?
미조   어디 가서 그런 말 하지 마. 그 사장님 진짜 웃겨!
선우   (진지) 이 미담 주인공이라고 병원 홍보하자, 대박 난다 진짜.
미조   그만하라 했다….
선우   댓글 봐! 찐우정이네요, 부모님은 아실까 그 케이크가 어떻게 전달된 건
        지, 저도 여기서 케이크 주문했어요. 아 이봐… 케이크집 손님 많다잖
        아. 우리도 걸자니까?

미조, 핸드폰을 뺏어서 멀리 툭 던져놓는다.
선우는 미조가 귀여워서 백허그하고 놀린다.

/차이나타운 안. 현준도 주희를 놀린다.

현준   여기 B양이 장주흰가?
주희   미조지. 쩡돌 먼저 든 애가 미조라고.
현준   아… 그럼 C양이 누나?
주희   네. C양 장주흽니다….

깔깔 웃는 현준.

/케이크집 안. 찬영이 열폭해서 떡하니 서 있다.
케이크 사장이 시선을 피하며 안절부절.

사장   저는 그냥… 세 분 우정이 너무 아름다워서… 이런 미담은 많은 사람이
          알아야 되잖아요… 요즘 세상이 얼마나 빡빡해… 아시죠?
찬영   (열 터진다) 글쎄요.
사장   그래도 실명은 안 올렸는데… 누군지 아무도 몰라요.

찬영, 뭐라고 하려고 하는데, 문이 열리며 커플이 들어온다.

여자   오빠 여기 맞지?
남자   여기 시한부 손님 케이크 거기 맞죠?
사장   네~ 여기 맞아요~

찬영, 아씨… 얼굴을 가리며 서둘러 가게를 나간다.

사장   저기요…! 저기요?

찬영, 됐다고 손을 들어 보이고 종종종 빠져나간다.

/유튜브 화면. 온통 샤방샤방한 케이크 가게.

목소리   두 친구는 더 이상 지체할 수 없었습니다. 어쩌면 이날은 A양이 준비할
          수 있는 생의 마지막 어머니 생일일 수 있으니까요. B양과 C양은 친구

A양을 위해 용기를 냅니다.

온통 케이크뿐인 영상이다.

2.   대학병원 진료실 (낮)

찬영이 혼자서 의사를 찾아왔다. 긴장되는 찬영.

의사   미조는 잘 있죠?
찬영   네. 미조한테 혼날 거 같아서 왔어요. 잔소리 아시죠?
의사   꼼꼼하죠, 미조가.

찬영, 결과를 기다리느라 얼굴은 초조하다.

의사   (촬영 사진을 보며) 진행이 빠르진 않아서 다행이에요.
찬영   (기쁘다) 그래요?
의사   주위에서 힘을 주나 봐요, 다른 환자들 진행보다 좋아요. 통증은 없어요?
찬영   지난번에 한 번… 배가 많이 아팠어요.
의사   보통 복통이 심하게 와요. 등이 아프다는 분들도 계시고.
찬영   진통제를 좀 가져갈까요? 곧 촬영이라….
의사   처방해드릴게요. 통증 있을 때마다 드시면 좀 도움이 될 거예요. 그리
       고… 여전히 치료는 힘드실까요?
찬영   (웃는다) 치료 아니잖아요….
의사   (서글프게 웃는다)
찬영   가족들이랑 친구들이랑 지금처럼 지내는 게 좋아요.

의사	그래요. 식사를 잘 챙겨 드세요. 자극적인 건 피하시고, 기름진 것도. 아시죠?
찬영	네. 잘 챙겨 먹고 있어요.

의사, 처방전을 쓴다. 찬영, 담담하게 의사의 타이핑하는 손을 본다.

3.   제이피부과 엘리베이터 안 (낮)

미조와 낯선 남자가 탄다. 똑같이 5층을 누른다.
미조는 통화 중이다.

미조	결재 사인만 하고 금방 출발할 거야. 어어. 거기서 만나. 어~!

잠시 침묵의 엘리베이터 안.

남자	5층에 피부과, 손님 많나요?
미조	(뭐야? 하지만) 네.

남자, 음… 그렇군… 알 수 없는 끄덕임. 미조, 이상하지만 흘려듣는다.

4.   제이피부과 원장실 (낮)

미조, 결재 서류에 사인을 한다. 다시 급하게 핸드백 챙기는데 선우 들어온다.

선우	신난 거 같은데?
미조	아니야.
선우	신났는데.
미조	아니라니까?
선우	○○○가 그렇게 좋아?
미조	(얼결에) 어. 아니!!

선우, 거봐… 웃는다.

5.   제이피부과 로비 (낮)

데스크에서 낯선 남자 간호사와 대화 중이다. 미조 급하게 나서며.

미조	책상에 사인한 서류 있어요!
간호사1	네 원장님!

미조의 뒷모습을 어? 하고 보는 남자.

간호사1	차 원장님은 오늘 휴진이세요.
남자	지금 나간 사람이 차 원장님인가?
간호사1	네.

뭔가 기분 나쁜 싱글거림으로 미조가 나간 곳을 보는 남자.

부제 '결자해지: 일은 맺은 사람이 풀어야 한다'

6.   세트장 밖 주차장 (낮)

스태프들 몇이 오고 간다. 승합차가 와 선다. 문이 열리고 찬영이 내린다.
뭔가 어색하고 쑥스럽고 떨리고… 긴장한 찬영이 주위를 둘러보다가
헉!!!

찬영   아 쪽팔려…. (돌겠다)

보면, 간식 차 옆에 커피 차. 현수막과 배너에 온통 찬영이 사진.
['사프란 블루' 대박나세요!] [정찬영 배우 응원합니다!] 등등.
간식 차 앞에서 주희가 분주하고, 커피 차 앞에선 미조가 분주하다.

찬영   미쳤나 봐….
진석(E)   찬영아!!!

진석이 웃으며 다가온다. 뒤로 헤어 메이크업 스태프 둘이 따라붙는다.

헤어   오셨어요!
메이크업   메이크업하시고 감독님 인사하실 거죠?
찬영   아 뭐… 잠시만요.

찬영, 진석을 돌려세워 민망해한다.

찬영   뭐야 이게. 나 조연이야 조연, 3회차 다섯 신!
진석   우리 회사는 보통 이렇게 해, 왜, 뭐.

찬영, 안절부절인데.

주희(E)   찬영아~!
미조(E)   정 배우~!!!

보면, 미조와 주희가 세차게 손을 흔든다.

찬영   아 나 너무 부끄럽다. 쯧….

7.   세트장 밖 간식 차 (낮)

스태프들이 간식과 음료를 받아 간다. 찬영에게 잘 먹겠다고 미소로 인
사들을 한다.
찬영, 네… 어색하게 인사.

주희   ○○○ 배우 어딨어? 밖엔 안 나와?
미조   여기도 대기실 있어? 차에 있나?
찬영   여기에, 정찬영 배우 응원합니다~ 이래놓고 ○○○만 찾는다고? (주희
       보더니) 너 팩했냐? 윤기 장난 아니다?
주희   나 그그저께 필러 쫌 맞어. 괜찮지?
미조   그그저께 병원 한가했어.
찬영   너도 맞았지.
미조   아니.
주희   선우 씨가 살짝.

진석이 고급진 담요를 들고 온다. 매니저가 의자를 들고 다가온다.

매니저   대표님 이거 어디다 둘까요?

진석   감독님 자리 뒤에 보면 배우들 의자 있어.

찬영   두지 마. 진짜 하기만 해.

미조   일단 두지… 내가 앉을까?

찬영   첫 작품 감정선 무너지게 이럴 거야!

미조, 주희   아니!

갑자기 주희가 헙!! 미조, 돌아보더니 같이 놀란다.
보면, 스타 배우 ○○○가 걸어온다.
미조와 주희, 동요하지 않는 척 미소를 짓고 있지만 흥분한 상태다.

찬영   가까이 오지 마. 여기 험한 누나들 둘이나 있어.

배우   선생님 친구분들이시죠? 안녕하세요!

주희   (세상 조신) 안녕하세요….

미조   (여기도 조신) 팬입니다….

배우   아이구 감사합니다. 와… 오늘 간식 차 역대급이네요 선생님!

찬영   차린 건 많지만 조금만 먹어. 근손실 온다.

미조, 한쪽에 두었던 백을 슥 메고 온다.

찬영   백 뭐 하게.

미조   (복화술인 줄) 조용히 해줄래.

주희, 분주함 틈타 핸드폰 슬쩍 여는데.

찬영	촬영 안 돼.

주희, 헛… 핸드폰 넣는다. 배우, 이 사람들이 너무 재밌다.
미조 백을 열어, 준비한 좋은 종이와 네임 펜 꺼낸다.

미조	사인 부탁드려도 될까요?

주희, 찬영 헐… 진석도 미조답다… 웃는다.

배우	그럼요. 성함이…
미조	차미조. 차, 미, 조. (가리키며) 요기에 번창하세요. 네 요기.
주희	치밀하다. 어제부터 준비했네.
배우	(찬영 보며 농담) 이상한 데 박제되는 거 아니죠 선생님?
찬영	합법적인 델걸?
주희	(핸드폰 케이스 뒷면 내밀며) 전 요기….

찬영, 아 부끄럽다. 진석이 귀엽게 이들을 보고 있다.

8.   세트장 연출 공간 (낮)

스크립터와 감독, 오디오 담당 등이 대기 중이다.
모니터에 찬영과 배우가 담겨 있다. 진석이 보고 있다.
진석 뒤로 미조와 주희가 숨죽이고 있다.

조연출	액션!

숨죽이는 사람들. 모니터 안 찬영과 배우.

/세트. 위험한 기사를 쓰고 숨으려는 기자와 동료 기자.

찬영	너 정말 지연이 안 보고 갈 거야?
배우	보면 뭐 하냐. 맨날 싸움이나 하지.
찬영	얼굴 보고 가. 지연이 너 많이 기다렸어.
배우	(망설인다)
찬영	너. 무슨 일 있지? (짐작이 가며 놀라는) 너 설마….
배우	내일 기사 나올 거야.
찬영	(미치겠다) 기어이 일을 쳤네. 돌았어 너. 국장이 너 잡아 죽인다 난리 날 텐데… 그 기사를 기어코 썼어!
배우	그러니까… 지연이한테 나 왔었단 말 하지마. 여권만 들고 갈 거야.

연출 공간. 신기해서 바라보는 미조와 주희. 전혀 다른 사람 같은 찬영이다.
진석은 아깝고 설레고… 복잡하다

9.   세트장 밖 (낮)

퇴근하는 찬영. 진석이 기다린다.
미조와 주희도 기다린다. 배우가 나와서 인사한다.

배우	들어가세요!

찬영, 배우를 본다. 진지한 미소.

찬영   ○○○ 배우님. 함께해서… 영광이었어요.

배우, 잔잔한 미소. 찬영에게 성큼성큼 다가와 꼭 안아준다.
한참을 안고 있는 배우.

배우   선생님이랑 함께해서. 기뻐요.

미조와 주희, 진석이 따뜻하게 본다.

10.   찬영 집 거실 (밤)

찬영과 부모님, 진석이 과일을 먹고 있다.

찬영   안 그래도 떨리는데 미조랑 주희가 판을 벌려놓은 거야. 내가 민망해서
        숨고 싶더라.
찬영 모   그래서, 잘했어?
찬영   너무 떨려서 기억도 안 나. 아직도 떨려.
진석   잘했어요. 엔지도 거의 없었어요.
찬영 부   언제 나와?
찬영   뭐?
찬영 부   찍은 거.
찬영   내년 여름? 그치 오빠?
진석   어? 어… 모르지 뭐.

내년 여름이라는 말에 진석의 시선이 중심을 잃는다.

찬영 모와 찬영 부도 아… 괜한 질문했다 싶다.

찬영	이 분위기 어쩌지 아빠?
찬영 부	그러게 어쩌냐… 괜한 걸 물어봐가지구….
찬영 모	(약초 물을 따라주며) 좋은 거 먹구, 잘 자구, 여름에 개봉하면 보면 되지. 마셔!
찬영	엄마 이거 또 어디 이상한 데 약수 물 받아 온 거 아냐? 그런 거 기생충 있을지도 모른다니까?
찬영 모	무슨 소리야 애는… 약초 달인 거야, 마셔!

찬영, 마신다. 으… 맛이 별로다.

진석, 쫙 다 마시라고 잔을 다시 밀어준다.

11. 제이피부과 안 (밤)

배우의 사인을 액자에 넣어 걸고 있는 선우. 미조는 흐뭇하다.

미조	저쪽에 걸까?
선우	여기가 딱이야.
미조	눈에 안 들어오는데?
선우	원장실에 걸지 그래!
미조	그럼 나만 보잖아. 손님들이 봐야지! (다시 생각해도 잘생겼다) 대박 잘생겼어. 얼굴이 주먹만 해!
선우	(액자를 다 걸고) 니 얼굴도 주먹만 해요.

미조	사이즈 문제가 아니야, 후광이 쫙~ 그냥. 피부과 어디 다닐까?
선우	일주일은 가겠다.
미조	삐졌어?
선우	퇴근 좀 시켜주세요 원장님. 원장님 팬 미팅 간 동안 병원 지키느라 점심도 못 먹었어요!
미조	기념으로 맛있는 거 사줄게.

선우 팔짱을 끼고 놀리는 미조. 선우, 놓으라고 하면서도 웃는다.

12. 챔프엔터 대표실 (낮)

진석, 무거운 얼굴로 소파에 앉아 있다. 맞은편에 우아한 여자, 진석 모.
화가 단단히 난 진석 모의 얼굴.

진석 모	내가 남부끄러워서 고개를 못 들겠어. 라운딩 줄줄이 캔슬했어.
진석	남부끄러울 게 뭐 있어요. 이혼은 나만 하나….
진석 모	소문 금방 나… 여기 몰라? 주원이 니 애 아닌 거 소문 안 날 거 같아?
진석	엄마부터 그런 말씀 하지 마세요. 엄마가 소문내는 거잖아.
진석 모	넌 알면서도 어떻게… 아유 머리야… 서류는, 말끔히 정리했어? 위자료 어떻게 하기로 했어. 설마 위자료 내놓으라고 하는 건 아니지?
진석	알아서 잘 정리했어요.
진석 모	양육비는.
진석	엄마….
진석 모	니가 양육비 줄 필요는 없잖아.
진석	내가 아빤데 왜 양육비를. 그만 하세요.

진석 모	호구, 호구… 너 이 정도로 호구였어?

진석, 더 말을 하지 않는다.

진석 모	이럴 줄 알았으면….
진석	뭐가요.
진석 모	그 여잔 뭐하니? 너 한참 만났던 배우 한다는 그 사람. 안 보이던데 배우는 안 하는 모양이지?
진석	(정색) 그 사람은 왜 찾아요?
진석 모	결혼했어?
진석	엄마!!
진석 모	이왕 이렇게 된 거, 나이도 찼는데 너 좋아하는 사람이랑 살라고 하는 말 아니야. 왜 화를 내니?
진석	(정말 미치겠다)… 그때 그러시지 그랬어요. 너 좋아하는 사람이랑 살라고 그때.

답답하고 원망이 올라온다. 하지만 누굴 원망하겠나 싶은 진석. 일어난다.

진석	약속 있어요. 먼저 일어나요.
진석 모	지금 나 원망하는 거야? 내가 그 배우 한다는 앤 절대 안 된다고 해서?
진석	(다시 앉는다) 원망하죠.
진석 모	!!
진석	나를 원망해요, 나를. 언젠가는 하면서 버텼던 나를 원망해요. 누구 탓도 아니에요. 그래도 엄마. 그 사람… 빈자리 채워보자고 쉽게 언급하지 마세요. 우리한테 과분한 사람이야…!

진석, 일어나 사무실을 나선다. 진석 모 열받고 답답해서 한숨만 나온다.

13.   공원 (낮)

선주와 진석이 걷고 있다. 이젠 담담한 두 사람.

진석   주원이 얘긴 나중에 상의해도 좋을 뻔했어.
선주   마음 편한 날이 하루도 없었어. 이젠 마음 편하게 살고 싶어서.
진석   주원이한테는 천천히 알게 하자. 아직 어려.
선주   그러려고. 차차…. 나 주원이랑 영국 가.

진석, 걸음을 멈춘다. 당황스럽다.

진석   왜.
선주   여기 있으면 뭐해. 준비 다 했어. 집이랑 애 학교랑 다.
진석   학기는 마치고 가지 그래.

선주, 다시 걸어간다. 진석도 걷는다.

선주   학교는 자퇴로 했어. 알잖아, 소문 금방 나는 거. 주원이 험한 소리 듣게
        될 거 같아서 서둘렀어.
진석   너무 멀다….
선주   영국에 친구들이 있어. 친한 친구들이야. 나랑 주원이 많이 도와줄 거야.
진석   주원이 기분은 어때, 놀랐을 거 같은데….
선주   만나서 좀 달래줘. 통 웃질 않아.

진석, 주원이 일로 걱정이 된다.

선주   안부 전해줘… 정찬영 씨.
진석   …넌. 너는 어때? 아버님 어머님 놀라셨지?
선주   난리 났지. 그래서 더 빨리 도망 나가는 거야.

서글프게 웃는 선주. 진석도 마음이 안 좋다. 담담하게 걸어가는 두 사람.

14. 진석 자동차 안 (밤)

찬영과 진석이 대화 중이다.

진석   영국 간대. 주원이가 너무 어려서 걱정이야.
찬영   더 설득해봐.
진석   이미 집도 다 계약하고 주원이 학교도 신청했더라.
찬영   ….
진석   나, 엄마 얼굴 오랜만에 봤어. 선주가 다 말했나 봐, 주원이 이야기까지.
찬영   (주원이가 안타까워서) 아 왜 굳이….
진석   그래서 더 빨리 가려고 하는 거 같아.
찬영   주원이 많이 걱정되지…?
진석   …. 그렇지 뭐….

찬영도 주원이가 많이 걱정된다.

마트 안 (낮)

미조와 선우가 각각 카트를 밀고 아이들 줄 선물을 사고 있다.

/겨울을 준비하며 아이들 내복을 카트에 잔뜩 싣는 미조와 선우.

/학용품 코너에서 공책을 차곡차곡 넣는 미조.
선우, 그 공책들을 다 뺀다.

미조   왜!
선우   이런 거 사가면 미조 이모 오는 거 싫어해 바보야.

/장난감 코너에서 신나게 장난감 담는 선우.
미조는 절반을 뺀다.

선우   왜!!
미조   이런 거 너무 많이 사가면 원장님이 싫어하셔 바보야.

/적당한 선물(장난감, 크레파스, 사인펜 등)을 담은 카트와 내복을 담은
카트를 밀며 서로 경쟁하듯 빨리 가는 미조와 선우.

16.   온누리보육원 마당 (낮)

선우의 자동차. 간식 박스 나르는 선우. 미조와 소원도 함께 나르고 있다.
훈이가 달려 나와 미조에게 안긴다.

훈이	이모!!!
미조	잘 있었어~!!
소원	훈이는 정말 미조 언니만 좋아한다니까?
미조	그랬어 훈이?

훈이 대답 대신 연신 웃기만 한다. 좋아서 상기된 훈이의 얼굴.

17.   온누리보육원 샤워실 (낮)

어린 남자아이들 샤워시켜주는 선우.
훈이가 돕는다. 수전을 올리고 내리는 것에 집중하는 훈.

훈이	그거 커플링이죠?

선우, 대답 대신 훈이를 보고 웃는다.

훈이	내가 미조 이모한테 선생님 여친 없다고 알려줬어요.
선우	그랬어? 큐피드 천사가 여깄었네? 미조 이모가 뭐래?
훈이	좋은 정보 고맙다고 했어요.

선우, 웃는다.

훈이	…결혼할 거예요?
선우	작전을 짜볼까? 미조 이모 알지? 고집 장난 아니잖아.
훈이	그래도 착해요.

선우	너도 아는구나?
훈이	착하고 예쁘고 공부 잘하고. 희귀종이래요.
선우	누가?
훈이	원장님이요.

선우, 크게 웃는다.

훈이	저가 생각을 열심히 해볼게요. 미조 이모는 저가 잘 알거든요.
선우	훈이만 믿는다.
훈이	(비장하다) 네.

선우, 기분 좋게 아이들을 씻겨 준다.

18. 진석 집 아파트 벤치 (낮)

찬영이 벤치에 앉아 기다리고 있다.

찬영(F)	오빠. 주원이 잠깐 만날 수 있을까?

찬영, 주머니에 손을 넣고 앉아 주원을 기다린다.
주원이 어색하게 다가온다. 활짝 웃는 찬영.

찬영	주원이니?

/찬영과 주원이 나란히 앉아 있다.

찬영   나와줘서 고마워. 얼굴 한번 보고 싶었어.

주원   ….

찬영   난 아빠랑 친한 친구야.

주원   네…

찬영   영국 간다고?

주원   네.

찬영   멋있다. 난 한 번도 안 가봤는데.

주원   저도 처음 가요.

찬영   아빠 보고 싶어서 어쩌냐.

주원   ….

찬영, 가방에서 동화책 한 권을 꺼내준다. 바버라 리먼의 『빨강 책』
주원이 책장을 몇 장 넘기면 '나의 아버지께'라고 적힌 페이지가 보인다.

찬영   그냥 이 책을 주고 싶었어.

주원, 책장을 더 넘겨본다.

찬영   풍선 타고… 아빠가 주원이 만나러 갈지도 몰라.

싱긋 웃는 찬영. 주원, 책을 가만히 본다.

찬영   영어 엄청 잘하게 되겠다. 멋있겠어.

주원   지금도 잘해요.

찬영, 뭐? 하는 눈으로 웃는다. 주원, 차분하게 찬영을 본다.

19.   선주 집 주원 방 (낮)

주원이 침대에 앉아 동화책을 넘겨본다. 끝 장쯤 와, 풍선을 타고 만나
는 소녀와 소년을 본다. 미소를 짓는 주원. 선주가 들어온다.

선주   (동화책 보며 부드럽게) 뭐야?
주원   아빠 친구한테 선물 받았어.
선주   친구?
주원   응. 하얗고 작은 이모.

선주, 누군지 알 거 같다. 주원이 곁에 앉아 같이 동화책을 본다.

20.   온누리보육원 마당 (낮)

빨랫줄에 이불을 널고 잠시 쉬는 미조와 소원.

미조   심심하지 않아요?
소원   하루가 짧아요.
미조   하루가 길까 봐 일만 찾는 거 아니고?
소원   …!!
미조   그럴 수 있지 뭐. 생각 많을 땐 몸 쓰는 일 하고 잠자면 꿀이지.
소원   ….
미조   소원 씨는 부모님 기억나요?
소원   아니요. 너무 어렸을 때 헤어졌어요.
미조   나도 그런데. 지금 어디 계신지 알아요?

소원	두 분 다 돌아가셨대요. 사고가 나서.
미조	여긴 다 아파. 다 사연이 아파.

잠시 말 없다가,

미조	빨래 잘 마르겠다. 햇빛 좋다.
소원	네….
미조	소원 씨.
소원	….
미조	소원 씨 피아노 잘 치는 거 양아버지 돈 때문인 거 같아요?
소원	…. 그렇다고 하니까… 그런가 보다… 해요.
미조	나한테 그 돈 들여도 난 줄리아드 못 가요.
소원	(본다)
미조	(본다) 아무나 그만큼 하는 거 아니라고. 그 유전자… 돌아가신 부모님이 주신 거야.
소원	!!
미조	진짜 별로더라, 선우 씨 아버지. 나 불려 나갔었잖아.
소원	왜요!!
미조	자동 반사로 놀라네? (웃는다) 뻔하지. 오빠랑 만나지 말라고 하지.
소원	하….
미조	소원 씨 기분 조금 알 거 같아요. 그 순간은 정말… 죽겠더라고. 그렇다고 헤어지는 건 내 손해야. 오빠 같은 사람이 어딨겠어요. (일어나며) 그렇다고 이러고 있는 거, 소원 씨 손해야. 부모님께 배신자지 뭐.

해맑게 착하게 쿨하게 웃는 미조. 먼저 들어간다.
남은 소원, 햇살에 펼쳐진 이불들을 본다. 하늘을 본다. 괜히 울컥한다.

21.　　　선우 자동차 안 (밤)

미조가 옆자리에 잠들어 있다.
곤히 잠든 미조가 깰까 봐 조용히 운전하는 선우.
히터 바람막이를 내려서 미조의 얼굴로 향하지 않게 해준다.
잔잔한 클래식 음악이 흐르는 국도를 달린다.

22.　　　제이피부과 원장실 (낮)

미조, 처방전을 쓰고 있다. 파일을 넘기고 다음 환자를 기다린다.
중년의 날티 나 보이는 남자가 들어와 앉는다.

미조　　어서 오세요.
남자　　(진료실을 둘러본다) 손님이 많네요?
미조　　(이상하다) 네….

FB (10화 S#3)/
엘리베이터 안.

남자 *5층에 피부과, 손님 많나요?*

생각이 난 미조, 긴장이 몰려온다.

남자　　(미조를 이리저리 보다가) 엄마를… 닮은 거 같기도 하고… 안 닮은 거
　　　　같기도 하네요?

미조, 놀란다. 손가락이 떨려온다.

미조   어디가 불편하세요?
남자   이경숙 씨 알죠? 엄마.
미조   …. 누구세요?

밖으로 선우가 이동하다가 진료실을 얼결에 본다. 미조의 떨리는 모습
을 본다.
이상해서 지켜보는 선우. 미조는 알지 못한다.

남자   내가 이경숙 씨한테 받을 게 좀 있거든요.
미조   잘못 찾아오셨네요. 진료 보실 거 아니면 나가주세요.
남자   이렇게 모른 척하면 엄마도 나도 섭섭하지요.
미조   누가 엄마!!! (하… 참는다) 가세요.

선우가 날 선 얼굴로 들어온다. 미조, 너무 당황한다.

선우   무슨 일이세요 원장님?
미조   별일 아니에요. 진료 보세요.
남자   조용하게 얘기해도 될 걸 시끄럽게 만드네….
선우   진료 제가 봐드릴게요, 오시죠.
남자   그쪽이랑 할 얘긴 아니고.
선우   일어나세요.
미조   김 선생님…!!

미현이 들어온다. 뭔가 이상하다.

미현	원장님… 왜 그래요?
미조	(남자에게) 경찰 불러요? 계속 계실 거예요?
남자	(일어나며) 아군이 많구나? 오늘은 여기까지만 합시다. 또 봐요!

실실 쪼개며 나가는 남자. 미조, 떨리는 손을 잡아 누른다.
미현, 남자를 본다. 선우, 미조 곁으로 온다.

선우	저 사람 누구야.
미조	뭘 잘못 알고 왔어. 모르는 사람이야.
미현	괜찮아?
미조	괜찮아. 진료 보자.

미조, 차트 파일을 클릭하는 손이 덜덜덜 떨린다.
미현은 이 모든 게 이상하다. 선우, 뭔가 있구나… 감이 온다.

23. 제이피부과 로비 (밤)

미조가 퇴근하려 나온다. 선우도 나온다.
미현이 미조를 본다.

미조	수고하셨어요.
미현	(보다가) 먼저 간다. 내일 봐~!
미조	어, 조심해서 가.

미현이 나간다. 선우와 미조가 남는다.

미조	물어보지 마. 별일 없어.
선우	얘길 좀 해봐… 놀랐잖아 지금.
미조	피곤해. 퇴근하자.

미조, 먼저 나간다. 선우, 흠… 미조를 따라서 나간다.

24.   차이나타운 안 (밤)

미현이 요리 하나를 시켜두고 기다린다. 하나도 먹지 않았다.
손님들 두어 테이블 떨어져 앉아 식사 중이다.
주방 안에서 주희가 눈치를 본다. 현준도 덩달아 눈치 본다.

현준	(입 모양) 누구?
주희	(입 모양) 미조 언니.
현준	(입 모양) 왜?
주희	(입 모양) 몰라.
미현	속닥이지 말고 나와라 장주희.
주희	양장피 맛있지 언니?
미현	앉아.

찬영이 들어온다.

| 주희 | 찬영이 왔다 언니. |
| 찬영 | 언니 오랜만~! |

미현 앞에 앉는 찬영. 분위기 살벌함을 느낀다.

찬영   (주희 보며 입 모양) 왜 이래?
미현   그만 쏙닥거려.
찬영   들렸어?
미현   주희도 앉아.

주희, 눈치 보며 앉는다.

미현   니들. 미조랑 니들. 무슨 일 있었는지 말해.

식겁하는 찬영과 주희. 서로 눈치를 주고받는다.

미현   둘러댈 생각 하지 마. 거짓말하다가 걸리면 어떻게 되는지 알지?
찬영   알지….
미현   한 대 처맞기 전에 솔직히 불어.
찬영   안 그래도 아픈데 맞으면 더 아프지.
미현   농담 아니야.
찬영   쏘리.
미현   오늘. 병원에 이상한 남자가 왔어. 미조는 바들바들 떨고. 그 남자 어디
              서 온 거야? 니들은 알지? 미조 그렇게 놀라는 거 처음 봐.

찬영과 주희 망설인다. 찬영이 담담하게 나선다.

찬영   미조. 친모 찾았어 언니.

미현, 눈이 커진다. 곧 뭔가 감이 온다. 흠….

미현   언제.
찬영   얼마 전에 안 거 같은데… 우리가 같이 가서….
미현   같이 만났어?
주희   아니요. 우린 밖에서 기다렸어요. 그래서 잘 몰라….
미현   어디서.
주희   ….
미현   어디서.
찬영   교도소에서.
미현   아 씨발 정말….

미현, 화가 더 난다.

미현   그 사람, 교도소에 있니?
주희   응….
미현   거길. 미조가 면회 갔어?
주희   응….

미현, 말이 없다. 찬영과 주희 침이 마른다.

미현   미조한테. 아직 말하지 마. 내가 알게 된 거.
찬영   응.
미현   준비되면 말하겠지.
주희   응….
미현   …사람 죽였니, 그 여자?

찬영	아니야~!
주희	사기. 사기 전과 7번.
미현	고루고루 한다….

미현, 아무것도 먹지 않고 일어난다. 테이블에 오만 원 두고 나간다.

주희	언니 화 많이 났다… 그치?
찬영	그 남자. 누굴까? 어떻게 알고 왔을까? 하 씨….

걱정인 찬영과 주희.

25.   미조 자동차 안 (밤)

병원 주차장에서 아무 데도 가지 못하고 앉아 있는 미조.
생각이 너무나 많다.
하…. 핸들에 머리를 대고 괴로워하는 미조.
핸드폰을 열어 '엄마' 번호를 찾는다. 어쩌지….

26.   회상 ─ 차 교수 집 거실 (낮)

대학생 미조가 차 교수 내외에게 꾸지람을 듣고 있다.
미조의 손에 붕대가 감겨 있다.

차 교수	왜 아르바이트를 했어.

미조	….
차 교수	공부하기도 시간이 모자랄 텐데 왜 식당에서 철판을 날랐냐고 미조야.
미조	…죄송해서.
차 교수	뭐가.
미조	(눈물이 그렁) 용돈은 내가 벌고 싶었어.

미조 모, 아이구… 속이 탄다. 차 교수 엄정하게 미조를 본다.

차 교수	용돈이 부족하면 말을 하지.
미조	부족해서 그런 거 아니고… 그냥… 엄마 아빠가 내 용돈까지….
차 교수	교통비랑 식비밖에 안 쓰는 놈이 뭘 얼마나 쓴다고!
미조	그래도….
차 교수	그래도 뭐!
미조	…. 죄송해요.
미조 모	손에 흉지면 어떡해… 아유 속상해 정말~!!
미조	흉 안 진대. 심하지 않아.
차 교수	미조야.
미조	….
차 교수	우리는 니 아빠고 엄마야.
미조	(울컥)
차 교수	아빠고 엄마라고.
미조	네….
차 교수	자식이 왜 엄마 아빠 눈치를 봐.
미조	(눈물만 툭툭)
차 교수	상황이 어려우면 알바할 수 있지. 근데 지금 우리 집이 그렇게 어렵진 않잖아. 맞지?

미조	네….
차 교수	그 손으로 나중에 환자들 아픈 데 살펴야지, 다치면 어떡하니.
미조	잘못했어요.
차 교수	잘못한 건 아니야. 그러지 않았으면 좋겠다는 거야.
미조	네… 이해했어요.
미조 모	미조가 착해서 그래. 착해서 여보.
차 교수	아빠는 미조를, 니가 상상도 못 할 만큼 사랑해. 너는 큰 선물이야.

미조, 고맙고… 큰 감정이 올라와 더 눈물이 난다.

차 교수	니가 우리 집에 온 날부터, 매일매일 기뻤어. 근데 오늘은 기쁘지 않다. 속상해.
미조	(울먹이며) 사랑해서 그랬어. 아빠랑 엄마랑… 사랑해서, 고마워서. 그래서 뭐라도… 하고 싶었어.

미조 모, 미조를 안아준다. 토닥토닥….

미조 모	아이구 내 새끼… 마음도 이쁜 거 봐… 아이구 내 새끼….

차 교수, 안쓰럽게 미조를 바라본다.

차 교수	이제부터는… 뭐든 아빠랑 엄마랑 상의했으면 좋겠어. 알겠지?
미조	네….

미조, 그치려고 하는데 눈물이 계속 나온다.

미조, 결심을 하고 엄마에게 전화를 건다.

미조   엄마! 저녁은? 나도 먹었어. 엄마 아이스크림 먹을래?

미조와 미조 모가 아이스크림을 먹고 있다.

미조 모   차가워도 겨울에 먹는 맛은 또 달라 그치?
미조   아이스크림은, 시험 끝나는 날 먹는 게 젤 맛있더라 난?
미조 모   너 어렸을 때 시험 끝나면 슈퍼부터 갔지. 대학 때도 그랬어?
미조   대학 땐… 술 마셨지.

            해맑게 웃는 미조. 미조 모 웃는다. 그러나 미조 모 뭔가 문제가 있구나
            싶다.

미조   엄마.
미조 모   무슨 일 있지 너?
미조   티 나지?
미조 모   얼굴이 상했잖아… 무슨 일인데?
미조   주희 알지?
미조 모   응.
미조   나 친모 찾아보겠다고 고등학교 때, 기억나지?

미조 모	기억나지. 그 바람에 절친 둘이나 생겼잖아?
미조	응. 근데… 거기가 맞긴 맞았나 봐. 친모가 일했던 데 맞았나 봐.

미조 모, 긴장하며 듣는다.

미조	얼마 전에 주희 엄마를 만났는데… 그분 연락처를 주시더라고….
미조 모	(아이스크림만 긁고 있다) 그랬구나….
미조	오랫동안 말 못 해서 미안하다고. 미안할 일은 아닌데….
미조 모	그래서… 만나봤어?
미조	…. 응.

미조 모, 너무 놀라서 숨이 멎는 거 같다. 티를 내지 않으려 애쓰는 미조 모.

미조	진작 말 못 해서 미안해.
미조 모	뭐가 미안해… 엄마가 미안해 미조야.

미조 모, 미조를 미안하고 가슴 아프게 본다. 미조는 좀 의아하다.

미조	엄마가 왜.
미조 모	…. 친어머니… 알고 있었어, 어디 계시는지.

미조, 말문이 막힌다. 당황하는 미조.

미조 모	이렇게 알게 될 걸… 엄마가 진작 말할 걸 그랬나 봐.
미조	엄마… 알고 있었구나. (생각 후) 아빠는?

미조 모	아빠도 아셔. 언니는 몰라. (사이) 말 못 해서 미안해 딸.
미조	알 거 같다.
미조 모	?
미조	나 처음으로 교도소 가봤거든. 만나고 나니까… 잘 살아오신 거 같진 않더라고. 느낌이 그냥… 느낌이. (미조 모 보며) 상황이 이러니까, 나한테 말 안 하셨겠지 뭐.
미조 모	그렇다기보다… 너도 더 안 찾는 거 같고. 니가 친어머니 이야기하면 알려줘야겠다 했어.
미조	엄마.
미조 모	그래.
미조	이게… 내가 어떻게 해야 될지 모르겠어.

하염없이 흔들리는 미조의 눈동자. 정말 애처로워 보인다.

| 미조 모 | 뭐가 안 좋구나…? |
| 미조 | 병원에 이상한 남자가 왔어. 이경숙 씨한테 받을 게 있다면서. |

미조 모, 너무… 너무 놀라 아이스크림 숟가락을 떨어뜨린다.
미조, 눈물이 그렁그렁.

| 미조 | 이게 뭐야. 이게 뭐냐 엄마…. |
| 미조 모 | (진심 화가 나지만 차분한) 그분도 참… 참 그렇다. |

미조 모 화가 치밀어 오른다.

| 미조 모 | 어떻게 하고 싶어? |

미조	모르겠어….
미조 모	…. 엄마가 만나서 얘길 좀 해볼까?
미조	아니! 아니… 그러지 마. 엄마까지 속상하게 뭐 하러 만나.
미조 모	(미조가 걱정된다) 혼자 끙끙 앓았겠어… 얼굴 상한 거 봐.
미조	그래서 엄마한테 왔잖아….

서글픈 미소로 엄마를 보는 미조.
미조 모, 미조의 손을 끌어다 잡고 도닥인다.

29.   차 교수 집 근처 길 (밤)

미조 모의 팔짱을 끼고 걷는 미조. 두 사람 다정하게 걷고 있다.
그러나 미조 모의 얼굴엔 걱정이 크다.

미조 모	저기….
미조	응?
미조 모	혹시나… 혹시나 안된 마음에 돈… 해주고 그러진 마. 한 번이 한 번으로 끝나지 않더라. (아차) 않을 수 있어.

미조, 뭔가 눈치를 챘다. 굳어지는 얼굴. 걸음을 멈추고 미조 모를 본다.
당황스러운 미조 모는 시선이 흔들린다.

미조	엄마한테도 왔구나. 그치, 그런 거지!

미조 모, 어쩌나… 마른 입술만 적신다.

미조	엄마~!
미조 모	누가 온 건 아니고. (미조 보며) 차분하게 들어 미조야. 언젠가부터 연락을 해왔어. 보육원에 우리가 자주 갔잖아? 그걸 본 모양이야. 니가 아마 서른쯤? 그때부터.
미조	(맙소사… 고개를 떨군다)
미조 모	급하다고, 너를 만나게 해달라고 그러더라. 우리는 니가 이런 상황을 몰랐으면 했거든. 그때 너 레지던트 한다고 잠도 못 잘 때였잖아. 그래서 한 번 도와줬는데… 한 번이 두 번이 되고 또 세 번이 되고. 그렇게 됐어. 말 못 해서 미안해 미조야.

미조, 참을 수 없는 고통이 밀려온다. 서럽고 분하고 슬프다.
미조, 하… 혼자서 앞서 걸어간다. 어쩔 줄 모르겠는 미조.
미조 모가 얼른 다가와 미조의 팔짱을 낀다.

미조 모	같이 가 추워….

좀 걷다가.

미조	창피해.
미조 모	왜 그래… 뭐가 창피해.
미조	…나 안 미웠어? 나 보면서… 그 사람 생각나서… 밉지 않았어?
미조 모	니가 왜 미워. 너랑 그 일들이랑 무슨 상관이 있어.

걸음을 멈추고 미조를 바라보는 미조 모.

미조 모	그런 생각은 했어. 니가 우리 집에 와서 다행이다. 이기적인 생각일진 몰

라도 친엄마랑 컸으면 어쩔 뻔했나, 고단했겠구나. 그랬어.

미조   난 있잖아 엄마. (눈물이 난다) 이런 날이 올까 봐 늘 불안했거든… 근데 결국 와버린 거야… 생각보다 더… 더 참담하게 와버렸어. 그래서 엄마… 너무 미안하고… 너무 고마워….

둘 다 마음이 많이 아프다. 미조 모, 미조를 안아서 토닥토닥… 달래준다.

30.   미조 집 앞 (밤)

미조의 차가 들어온다. 추위에 발을 동동거리며 기다리는 선우가 보인다.

31.   미조 집 거실 (밤)

따뜻한 차를 마시는 미조와 선우.

선우   무슨 일 있어. 그치?

미조   …. 응.

선우   어디 다녀왔어?

미조   삼성동. 엄마 만나고 왔어.

선우   어머님 무슨 일 있는 거야??

미조   아니. 답이 없어서. 엄마 만나면 답이 나오지 않을까….

선우   (뭔가 심상치 않구나… 미조를 살핀다)

미조   병원에 온 남자 기억하지?

선우   그 사람 누구야. 그거 때문에 그런 거지?

미조	친모가 보낸 사람이야. 빚진 게 있대. 나한테 가보라고 했나 봐.
선우	(얼굴이 굳는다)
미조	엄마한테 솔직하게 말하고 작전 짜려고 했거든?

서글프게 웃는 미조.

| 미조 | 근데 우리 엄마 아빠한테 이미 오래전부터 뭐…. |

피식 웃는 미조 선우, 하… 무슨 말이라도 하고 싶은데 말을 찾지 못한다.

미조	할 말이 없지? 나도 그래.
선우	난 참 말주변이 없어.
미조	내 친모라니까 욕도 못 하겠고. 또 쉴드 쳐주려니까 엄마 아빠한테 좀 그렇고. 해줄 말이 없지 뭐.

선우, 마음이 아프다. 미조를 가만히 보다가.

| 선우 | 라면 끓여줄까? |
| 미조 | 라면 없는데. |

앗… 이것도 실패인가.

32.   편의점 안 (밤)

미조와 선우가 같이 컵라면을 먹는다.

미조	김선우 있어서 좋다.
선우	….
미조	당황했어?
선우	좋아서. 좋고 뿌듯하고… 뭐라고 해야 할지 모르겠어.
미조	근데 표정이 왜 애매하냐?
선우	컵라면 같이 먹는 거밖에 할 수 있는 게 없어서.
미조	집 앞에 선우 씨 서 있는 거 보고 좋았어. 우리 언니 알면 교도소 뒤집어 놓을 거 같고. 찬영이는 아프고… 주희는 괜한 유책감? 그런 거 때문에 올 거 같고. 근데 선우 씨가 웃고 있는 거야.
선우	(잔잔히 듣는다)
미조	좋았어.
선우	나는. (비장하다) 니 옆에서 검은 머리 파뿌리 될 거야.
미조	말주변이… 없어. 없는 거 맞아. 검은 머리 파뿌리?
선우	클래식하고 좋잖아.
미조	요즘 애들은 무슨 말인지도 모를걸.
선우	너만 알면 되지.

장난치며 라면을 먹는다.

33.   편의점 밖 (밤)

마주 앉아 라면을 먹는 두 사람 모습이 따뜻하고 편안해 보인다.

주희, 욕실에서 씻고 나온다.
주희 모가 통화 중인데 표정이 매우 안 좋다.

주희 모   니가… 사람이야! 어떻게 그럴 수가 있어 어떻게!! 니 새끼 보고 싶다고
          죽을죄를 지었다고 울고불고! 그래서 이젠 좀 사람 됐나 해서 내가…
          이러려고 그랬어? 다신 애한테 연락하지 마. 그게 너 속죄하고 사는 거
          야!!

핸드폰을 끊고 던져버리는 주희 모.
주희 모의 격앙된 모습에 놀라는 주희.

주희   엄마….
주희 모   미친년… 나쁜년…!!!
주희   엄마 왜 그래…? 어?
주희 모   미조. 미조 별말 안 하디?
주희   어….
주희 모   별일 아니야. 밥 먹어.

주희 모, 기운이 다 빠져서 방으로 들어간다. 주희, 뭔가 이상함을 느낀다.

네비게이션의 안내를 받으며 운전하는 진석.

진석	주원이가 그 책 영국에 가지고 가겠대. 무슨 책이야?
찬영	심오하고… 행복하고… 그립고….
진석	동화책 아니었어?

피식 웃는 찬영.

진석	우리 어디 가는 거냐?
찬영	꼭 가봐야 하는데 혼자는 못 가겠어.
진석	누구 만나?
찬영	그런 거는 아니구… 가보자 그냥. 나도 떨려.

찬영은 더 말해주지 않고 창밖으로 시선을 돌린다. 진석은 이상하다.

36. 추모원 주차장 (낮)

추모원 전경이 넓게 보인다. 진석이 화가 난 얼굴로 말이 없다.
찬영은 담담하게 진석을 본다.

찬영	이왕 왔잖아… 들어가서 같이 해줘. 미리 예약하면, 그때 되면… 수월하잖아.
진석	(너무 속상하고 화도 나고 엉망이다)
찬영	생각해보니까… 때 되면은… 우리 엄마 아빠 정신없을 거 같아서.
진석	(버럭) 그래도 인마. 왜 이런 거부터 생각해 어!
찬영	혼자 올 걸 그랬네.
진석	야 정찬영.

찬영   그럼!! 그럼 누구랑 와… 엄마 아빠랑 와? 여길 부모님이랑 와서 납골
     예약해?

진석   하… (돌아버리겠다)

찬영   오빠밖에 없었어. 미조랑 주희랑 올까 했는데. 우리 요즘 눈도 잘 못 마
     주쳐. 누구 하나 터지면 통곡할 거 같단 말이야. 근데 여길 어떻게 같이
     오자고 해….

진석   ….

찬영   미안해. 오빠도 힘들 텐데.

     진석, 찬영의 손을 잡는다.

진석   가자. 오빠랑 가.

찬영   미안해.

진석   너 혼자 얼마나 고민했겠냐. 오빠랑 가자.

     진석이 손을 잡고 걸어가는 찬영.

진석(E)   우리 둘 다 울지 말자.

찬영(E)   내가 당사자라고 말하지 말자.

진석(E)   가보자…. 가봐.

     슬픈 두 사람의 뒷모습.

37.   차이나타운 안 (밤)

주희, 통화 중이다.

주희   미조야.

38.   제이피부과 원장실 (낮)

미조, 주희의 전화를 받고 있다.

미조   어 주희야!

39.   카페 안 (낮)

미조는 좀 놀란 얼굴로 주희를 살핀다. 주희는 정리 안 된 감정이 얼굴에 드러난다.

주희   진료 있지?
미조   난 요즘 당일 진료만 받아서 괜찮아. 선우 씨가 좀 바쁘지 뭐….
       무슨 일 있어? 얼굴이 안 좋아 보여 너.

주희, 어렵게 말을 꺼내 놓는다.

주희   엄마가 아침에 아무래도… 그분이랑 통화한 거 같아.

미조	그분?
주희	그분. 너 친어머니.
미조	(얼굴 굳는다)
주희	근데 엄마가 많이 좀 … 힘들어하셨거든. 내가 너한테 이런 거 묻는 것도 좀 그런데… 미현이 언니한테 들었는데, 너 병원에 어떤 남자도 찾아왔고….
미조	언니 만났어??
주희	어. 찬영이랑 나 불러서 만났었어.
미조	그랬구나….
주희	너한테 무슨 일은 있는 거 같고, 엄마는 노발대발하시고. 내가 마음이 너무 복잡해서… 무슨 일이야 미조야…?
미조	…별일 아니야. 걱정하지 마. (혼잣말처럼) 엄마까지 왜….
주희	미조야.
미조	응.
주희	우리 엄마가 무슨 잘못이야. 그치? 너 친엄마 만나게 해주려고 한 게… 잘못은 아니잖아.
미조	…. 알아.
주희	(가만히 보다가 툭 던지는 원망) 진짜 알아?

미조, 주희의 반응에 당황한다.

미조	무슨 말이야?
주희	정말 그렇게 생각하냐고. 우리 엄마 아무 잘못 없다고 생각하냐고.
미조	(조금 불편하다, 참는다) 그렇게 생각해. 근데 주희야. (참다가 결국) 너도 이러는 건 아닌 거 같아.

서서히 두 사람의 변형된 감정이 올라온다.

주희   뭐가 아닌데.

미조   …. (참자…) 아니야. 내가 미안해.

주희   난 다 말하는데, 넌 왜 말을 안 해? 우린 늘 이래.

미조   (정말 화가 난다)

주희   너랑 찬영이는 진짜 얘기하잖아. 난 늘 정리되면 듣잖아.

미조   나… 화가 날라 그래 주희야.

주희   찬영이 아픈 것도 너희들끼리 다 알고 나한테 말했잖아.

미조   내가 백화점 안 갔었어? 너한테 말하려고 갔다가/

주희   알아. 엄마 병원 모시고 간다니까 나 힘들까 봐 말 안 한 거 안다고.
          근데 미조야. 나도 같이 힘들 수 있어… 왜 너네 둘이 먼저 힘들고!
          난 나중에 알고 뒷북쳐야 되냐고!

주희, 질러놓고 나니 더 힘들다. 후회된다.
미조, 처음 듣는 주희의 마음에 당황해서 아무 말도 못 한다.

주희   미안해. 너도 요즘 힘든데… 내가 괜히….

미조   …. 주희야.

주희   ….

미조   그렇게… 아니 그런 생각… (말을 못 찾겠다) 니가 그렇게 느끼는 줄 몰
          랐어. 근데 그거 아니야. 그런 거 아니라고.

주희   나 솔직히 있잖아. (눈물이 고인다) 찬영이가 가야 하는 것도 겁나고…
          찬영이 없이 나랑 둘이… 여전할까도. 겁나.

미조, 너무나 당황하고 속상하고 놀라고… 입을 다물지 못한다.

주희   내가 이렇지 뭐. 미안해.

주희, 망설이다가 어쩌지 못하고 먼저 일어난다.

주희   나 가봐야 돼서. 나중에 봐. 미안해.

주희, 본인도 마음이 아프고 속상해서 도망가듯 카페를 빠져나간다.
남은 미조는 머리가 하얗게 되는 거 같다. 미동도 없이 가만히 앉아만
있는 미조.

40.   제이피부과 로비 (밤)

혼자 있는 미조. 로비는 어둡다. 미조, 팔짱을 끼고 병원 창밖을 바라본다.
자기도 모르게 깊은 한숨이 나온다.

미조   장주희… 나쁜 년. (서운해서 눈물이 툭 떨어진다)

미조가 안타까워 보인다.

41.   주희 집 앞 (밤)

미조가 기다린다. 찬영이 택시에서 내린다. 미조가 웃으며 맞는다.

찬영   갑자기 주희네는 왜?

미조	주희 엄마 얼굴 뵌 지 오래됐잖아. 들어가자 춥다. 주희 놀라겠다.
찬영	…? 뭐야, 주희는 몰라?
미조	빨랑 와. 아 추워….

미조, 서둘러 들어간다. 찬영, 이상하네… 따라 들어간다.

42. 주희 집 거실 (밤)

미조와 찬영이 들어온다. 주희가 미조를 보고는 어색해하고 긴장한다.
주희 모, 컨디션이 안 좋아 보이는데, 미조와 찬영을 반갑게 맞는다.

주희 모	어서 와! 요즘 통 못 본다 했어.
미조	갑자기 오니까 더 반갑죠?
주희 모	그러게 더 반갑다. 주희야 차 좀 끓여봐. 애들 춥다.
주희	어….

주희, 불안하다. 왜 왔지….

43. 주희 집 주방 (밤)

차를 마시는 세 친구와 주희 모. 주희가 영 어색하다.

| 미조 | 엄마. |
| 주희 모 | 응. |

미조   나 그 사람 만났어. 알죠, 엄마?

주희 모, 이제 미조를 본다. 미안한 얼굴이다.
주희, 같이 경직된다.

미조   친모 만난 후기 보고할라고 왔지.
주희 모 뭐 하러 나한테까지… 너 병원에. 빚쟁이 왔다며. 괜히 내가 경숙이 소
        식을 알려서는… 미안해서 어쩌니 미조야.
찬영   빚쟁이였어, 그 남자!!
주희   우리 엄마는 그럴 줄 알았겠어?

여전히 공격적인 주희의 태도에 찬영은 좀 당황한다. 미조는 담담하다.
주희 모, 당황한다.

주희 모 그런 말이 아니잖아. 왜 그래 넌…?

주희, 마음과 다르게 나가는 말 때문에 속상하다.

미조   엄마한테는 돈 달란 말 안 해요? 우리 엄마 아빠한테는 꽤 받았나 봐.

미조, 서글프게 웃는다. 찬영과 주희는 더 놀라고. 주희는 더 속상하고.
주희 모는 아이고…. 참담하다.

미조   엄마. 힘드셨죠?

그 말에 주희 모 무너진다.

미조   엄마가 왜 말씀 못 하셨는지 알겠더라구요. 어지간해야지… 그치?

별일 아니라는 듯 웃는 미조.
그러나 주희 모는 큰 시름에 툭 하고 무너지는 듯 보인다.

주희 모   미조야….
미조   네. (예쁘게 착하게 웃는다)
주희 모   나는… 난 니가 처음 온 날을 잊지를 못해…. 경숙이 딸인 거 같은데…
        애가 너무… 너무 이쁜 거야. 너무 바른 거야.

44.   회상 — 실로암분식집 앞 (낮)

차 교수 차를 타는 미조. 주희 모를 한 번 더 보고 공손하게 인사.
멀어지는 차를 보며 시선이 흔들리는 주희 모.

주희 모   아가. 그냥 살아… 그냥 그렇게… 이쁘게 살아….

마음이 너무 아픈 주희 모.

45.   현재 — 주희 집 주방 (밤)

미조와 찬영 차분하게 주희 모를 본다.
주희는 계속 고개만 숙이고 있다.

주희 모	그걸로 끝이거니 했더니… 니들이 세상에 없는 친구가 돼서는… 내 병 간호까지 한다고 똘똘 뭉쳐서… 내가 차마 말을 못 했어. 차마 내가….
미조	엄마. 엄마 덕분에… 엄마 혼자 가슴에 품고 견뎌내신 덕분에. 우리는 이렇게… 좋은 추억만 넘쳐요. 엄마 혼자 힘드셨을 생각에 마음이 아파요. 고마워요 엄마.

주희 모, 눈물이 너무 난다.

주희 모	주책이다. 눈물이 왜 이렇게… 나이 들어 그래. 세수 좀 하고 와야겠다.

주희 모 욕실로 간다.
찬영이 미조의 손을 잡는다. 잘했다고 웃는다.
시종일관 무표정인 주희. 찬영, 주희가 신경 쓰인다.

찬영	야 너도 이것 좀 마셔. 이거 무슨 차야, 녹차/
주희	미조야.

무표정한 주희의 얼굴이 불안한 찬영.
미조는 어떤 말이든 들을 준비가 되어 있다.

찬영	주희야, 미조는/
주희	미조야.
미조	(괜찮아 주희야…) 응.

주희, 무슨 말을 하려는지 고통스러워 보인다.

미조   괜찮아… 말해.

주희   (고개를 들지 않고) …. 우리 엄마한테. (사이) 그렇게 말해줘서. (눈물
이 꽉 차서 비로소 미조를 본다) 고마워.

주희, 흐느낌이 터진다. 입을 막고 소리 없이 우는 주희.
미조, 주희 곁으로 가 앉는다. 찬영이 티슈 갑을 밀어준다.
미조, 티슈를 뽑아 주희 눈물을 닦아준다.
주희, 티슈 받아서 코를 시원~하게 푼다.
미조와 찬영, 오우… 뒤로 물러난다. 피식 웃음들이 나는 세 친구.

46.   주희 집 앞 길 (밤)

미조와 찬영이 걸어간다.

찬영   차 어디다 댔어?

미조   저~ 아래. 주차장에 자리가 없었어. 춥지?

찬영   별로.

좀 걷는다.

찬영   맘고생 크지?

미조, 따뜻함이 훅 들어오는 거 같다. 찬영을 본다.
찬영은 앞만 보고 걷는다.

찬영	나 엄청 쫄았잖아.
미조	왜.
찬영	사건은 터졌고. 주희랑 너는 각자 사정으로 맘이 아프고. 난 일만 저질러놓고… 갈 거 같고.

미조, 찬영이 마음을 느끼며 걸어간다.

| 찬영 | 나 아프다니까 대충 봉합들은 하는 거 같은데. 정말 나 가고 나면…. 너네 둘 어떻게 될까, 바짝 쫄았잖아. |

미조 보며 씩 웃는 찬영.

| 미조 | 걱정하지 마. 니 컨디션만 집중해…. |
| 찬영 | 이제 맘 편해. 오늘 너 보니까. (사이) 맘 편하게 가도 되겠어. |

미조, 울컥하는 걸 참는다.

미조	그러지 마. 그런 말 하지 마. (꾹 참고) 그러지 마….
찬영	(팔짱 끼며) 알았어. 울면 십만 원 빵 한다? 봐봐, 울지 너?
미조	그 돈 벌어 뭐 할라고!
찬영	우리 미조랑 주희 술 사주지~ 야, 포차 갈래? 나 물 마실게. 정리된 기념으로 한잔하자!
미조	아직 시작도 안 했어. 결자해지.
찬영	갑자기 사자성어 쓰고 지랄… 결자해지 내가 모를 거 같아! 니가 뭘 결, 했기에 해, 하냐고!
미조	어머, 진짜 뜻 아나 봐?

찬영   (기가 막힌다) 내가 박경리 토지를 완독한 사람이라고 몇 번 말해! 결자해
        지를 모를 거 같아?

        티격태격 걸어가는 미조와 찬영.

47.   영월교도소 앞 (낮)

        미조가 걸어 들어간다. 한결 단단해 보이는 뒷모습.

미조(N) 일을 맺은 사람이 풀어야 한다는 말이다.

48.   교도소 면회실 안 (낮)

        미조는 오히려 두려움이 보이고, 경숙은 이제 당당해 보인다.

미조   내가 입양되던 날 이야기를 해도 될까요?
경숙   그럼. 나도 궁금하다.

        이야기가 잘 풀린다고 생각하며 생글생글 웃는 경숙.

미조   저는 두 번이나 파양됐어요.
경숙   세상에… 밉보였나…? 어린 애를 쯧쯧….

        미조, 경숙의 리액션에 전혀 귀 기울이지 않는다.

미조   모든 게 무섭고, 자신 없고… 그즈음에 언니랑 아빠 엄마 보육원에 봉
       사를 왔어요. 이유는 모르겠는데 참… 좋아 보였어요.
경숙   (습관적 리액션) 그랬니?
미조   그 사람들이 오는 날 아침부터 설렜었고, 돌아가는 걸 볼 때마다 눈물
       이 났어요. 나도… 따라가고 싶었거든요. 그러던 아주 추운 날… 따뜻
       한 장갑을 내주면서 같이 가자고 했어요. (아련하다) 그날이 내 인생
       에서 제일 좋은 날이었어요.

       미조의 담담한 얼굴. 경숙은 그다지 관심이 없지만 애써 경청하고 있다.

미조(N)   이 사람과 내가, 부모와 자식인 것이 결이라면. 해지….

       엄청나게 집중하는 미조.

미조   이경숙 씨.
경숙   (기가 차다는 듯) 뭐라고?
미조   (다시 한번) 이경숙 씨.

미조(N)   풀어야 하는 이는, 내가 되어야 한다.

       엄정한 표정의 미조의 얼굴에서 엔딩.

제11화

낭만에 대하여

1.　프롤로그

2008년 즈음 노래방. 의대 졸업한 미조. 그리고 찬영 주희.
찬영은 늘 그렇듯 시크한 복장이고, 주희는 코스메틱 매장 막내티 나는
진한 화장.
주희, 쥬얼리의 'One More Time' 부르며 춤도 춰보는데… 둘 다 좀….
하지만 스스로는 매우 진심이다.
그 모습을 보면서 웃겨 죽는 찬영.
안 되겠는지 찬영이 나와 함께 춤을 춰준다. 신나는 두 사람.
미조는 아주 심각하게 노래방 책 열독 중이다.
자신이 부를 노래를 찾은 미조, 만족해하며 번호를 누르고 예약.
주희 노래를 사정없이 취소해버린다.

주희　어!! 이씨….
미조　(짤 없다) 둘 중 하나는 좀 잘하자. 노래, 춤, 어쩔 거야?
찬영　주희야. 걍 참아. 미조 의대 졸업한다고 늙은 거 봐.
미조　(시작 버튼 누르며) 미스유니버스 못 나간 게 아쉽거든.

최백호의 '낭만에 대하여' 전주 듣더니 찬영이 에이… 미조를 노려본다.

주희　또 야? 이 좋은 날? (찬영 보며) 졸업식 날은 '원 모어 타임'이 낫지 않냐?

미조, 눈을 감고 조용히 슥~ 들어가려는데, 찬영이 먼저 치고 들어와 불러버린다.

미조   곶은… (아 씨…)
찬영   곶은 비 내리던 날… 그야말로 옛날식 다방에 앉아~ 도라지 위스키 한 잔에다 진한 색소폰 소리…

미조, 찬영의 마이크를 뺏으려고 덮친다.
찬영, 필사적으로 붙잡고 버틴다.
두 사람 거의 육탄전인데, 음악은 흐르고, 미조와 찬영의 야! 놔! 너 죽는다! 등등….
주희, 에라이… 미조의 마이크 잡아서 불러 젖힌다.

주희   이제 와 새삼~~ 이~ 나이에~!!

음정 정말… 되게 못 부르는 주희.

부제 '낭만에 대하여'

2.   교도소 안 대기 공간 (낮)

기다리는 미조. 오늘도 긴장된다. 손만 만지작만지작….

차분한 미조 얼굴. 좋은 엄마 미소로 여유 있는 이경숙.

미조   이경숙 씨.
경숙   (기가 차다는 듯) 뭐라고?
미조   (다시 한번) 이경숙 씨.

어라… 팔짱을 끼고 미조를 보는 경숙. 미조, 흔들리지 않는다.

미조   이경숙 씨께서 제 병원에 채무자를 보내는 명분은 뭔가요?
경숙   (슬슬 정색하며) 왜, 생각해보니까 억울하니?
미조   나의 지난날들에… 당신은 없었어요.
경숙   너도 이제 그 나이면 인생이 만만치 않다는 거 알잖아? 다 사연이 있지
        않겠어?
미조   나이 들수록 알겠던데요. 인생이 만만치 않아도, 사연이 깊어도, 자식은
        버리는 게 아니라는 거.
경숙   (괜히 헛기침하며 의연하려 한다) 그래서?
미조   앞으로. 다시는 저와 제 주위 사람들에게 함부로 연락하지 마세요.
경숙   그래도 내가 낳은 정이 있어서/
미조   (말 자르며) 내 병원에 빚쟁이들 보내지 마세요. 내 부모님 돈으로 공부
        하고 개업한 병원이에요.
경숙   (차갑게 웃으며) 이런 면이 있구나. 너 이렇게 독한 애였니?
미조   이경숙 씨가 선사한 인생 살다 보니 이 정도는 별거 아니에요. 낳은 정?
        그런 건 이경숙 씨 혼자 안고 사세요. 그 정 있는지는 모르겠지만.
경숙   (점점 파르르)

미조   나에게 부모는. 지금 엄마 아빠 두 분뿐이에요.

미조, 독하게 말하고 있지만 보이지 않게 포갠 두 손은 떨고 있다.
경숙, 물러나지 않는다.

경숙   어디서 그러드라. 잘났건 못났건 태를 열어 낳아준 부모는 고마운 거
        라고.
미조   ….
경숙   너 이러면 안 되지.
미조   태를 열어 낳지도 않았는데 평생을 돌보고 길러준 사람이 고마운 거예요.
        다시 볼 일 없으니까. 오늘 드린 말씀. 기억하시길 바라요.

미조, 일어난다.

미조   건강하세요.

미조, 나간다. 분한 경숙. 분하고 한편 너무나 창피하다.

4.   국도 위 미조 자동차 안 (낮)

담담한 얼굴인데 답답한지 창문을 연다.
바람이 불어 들어온다.

미조   지나가는 거야. 바람처럼.

그래도 속상한 마음이 가시진 않는다.
거치대의 핸드폰에 전화가 들어온다. [시계]

미조	응.
선우(F)	잘 만났어?
미조	…. (뭐라고 대답할까 생각하다가 마음 다진 후) 응.

5.　공원 (밤)

비가 내린다. 어두운 공원. 사람이 없다.
미조와 선우 한 우산을 쓰고 걷고 있다.

선우	같이 갈 걸 그랬나… 종일 좀 마음이 그랬어. 괜찮아?
미조	그럭저럭 괜찮아. 바빴지 오늘?
선우	조금?
미조	내가 거의 매일 병원에 못 간다. 미안해서 어쩌지?
선우	원래대로라면 미조는 미국에 가 있는 거잖아. 자주 얼굴도 보고 감지 덕진데 왜.

조금 말없이 걷는다.
미조, 조용하다.

| 선우 | 비 오는 공원도 괜찮네. 음악 들을까? |

선우, 핸드폰을 꺼낸다.

미조	선우 씨는 무슨 음악 좋아해?
선우	나는… 음악 잘 몰라. 너는 무슨 음악 좋아해? 라흐마니노프 좋아하는 건 알고.
미조	난… 아, '낭만에 대하여' 좋아해.
선우	트로트?
미조	아빠가 좋아하시거든. 같이 듣다 보니까 좋아.
선우	그거 들을까?
미조	선우 씨 플레이리스트 듣자.
선우	최근에 들은 게… 이거 들을까?

음악이 스피커로 흘러나온다. 쳇 베이커 'My Funny Valentine'
우산 속에서 조용히 흘러나오는 노래가 분위기 있다.

미조	나도 이 곡 알아.
선우	좋지?
미조	비 오는 날 들으니까 더 좋다.
선우	가사도 좋아. 그러고 보니까 내 노래네. 미조는 매일매일 내 밸런타인데이야.

오글거리지만 나쁘지 않은 미조. 선우의 팔짱을 깊게 끼고 걸어간다.

6.　　찬영 집 방 (밤)

창문으로 비가 내리는 것이 보인다.
찬영, 침대에 웅크리고 있다. 얼굴에 식은땀이 가득하다.

말로 표현할 수 없는 엄청난 통증이 밀려온다.

가방에서 진통제를 찾는다. 그 바람에 가방에 있던 납골당 계약서가 떨어진다.

찬영은 알지 못한다. 진통제를 겨우 삼킨다. 그래도 쉬이 사라지지 않는 통증.

7.   찬영 집 방 (아침)

찬영이 지쳐 잠들어 있다.

찬영 모가 빨래를 들고 들어온다. 어… 찬영이 잠들어 있자 조용히 두고 나가다가 바닥에 떨어진 계약서 봉투를 본다. 손이 떨리는 찬영 모. 가방에 다시 넣어주고 조용히 나간다.

8.   찬영 집 근처 놀이터 (낮)

벤치에 앉아 눈물을 펑펑 쏟아내는 찬영 모.

아이들이 놀고 있다. 아이들과 찬영 모의 눈물이 어울리지 않는 오후.

9.   찬영 집 방 (낮)

찬영이 정신을 차린다. 침대 곁에 둔 약통을 가방에 넣는다.

계약서가 다른 공간에 들어가 있는 걸 보는 찬영.

엄마가 봤구나… 감을 잡는다. 현관 열리는 소리 들린다.

찬영 집 주방 (낮)

과일을 냉장고에 넣고 있는 찬영 모. 찬영이 방에서 나와 곁을 서성인다.

찬영 모   뭐 좀 줄까? 출출하지?
찬영   아니. 물 좀 마시려고.

찬영 모, 영지 달인 물을 내준다.
찬영, 컵을 들고 식탁에 앉는다. 물을 마시진 못하고 망설인다.
찬영 모 괜히 분주한 척 싱크대 앞에서 이것저것.

찬영 모   혹시… 계약서 봤어?

모른 척하려다가 결국 찬영을 돌아보는 찬영 모.

찬영   시간 있을 때 하나씩 해두면 좋을 거 같아서….
찬영 모   어떤 게 좋아.
찬영   (당황) 어떤 게 아니라… 엄마랑 아빠도 나중에 경황/
찬영 모   너 있을 자리 하나 못 만들 거 같아서 지금 이 중요한 시간에 거길 다녀
          왔어?
찬영   …. 엄마 아빠한테 그런 거까지 정리하게 하고 싶지 않았어.
찬영 모   어떻게든 더 오래! 더 건강하게 지낼 연구는 못 하고, 죽을 자리 보러 다
          녀! 그게 니가 꼭 할 일이야!!

속이 뒤집어지는 찬영 모. 언성이 높아졌다.

찬영   죄송해…

찬영 모   치료를 받으면 좋잖아… 치료를!

찬영   엄마… 엄마!

찬영, 마음을 가라앉힌다.

찬영   치료 시작하면… 이렇게 엄마랑 싸우지도 못 해. 병실에서 누워만 있어
         야 된다고.

속상한 찬영 모. 싱크대만 보며 서 있다.
감정을 정리하려는 찬영 모.

찬영 모   (돌아보며) 누구랑 갔었어.

찬영   거기? (당황) 애들이랑.

현관 도어록 버튼 누르는 소리. 둘 다 약속이나 한 듯 입을 다문다.
찬영 부가 들어온다.

찬영 부   나 왔어~!

찬영   어디 갔다 와?

찬영 부   친구 좀 만나고. (찬영 모에게) 정팔이 아들 결혼한다네?

찬영 모   잘됐네. 걱정 많으시더니.

찬영 부   애가 생겼나 봐. (찬영에게) 밥은 먹었어? 점심은?

찬영   엄마랑 먹었어. 속도위반이야?

찬영 부   5개월이래 벌써.

자연스럽게 식탁에 앉아 별일 없었다는 듯 이야기를 하는 세 식구.

11.   제이피부과 로비 (밤)

부분조명으로 적당히 밝은 로비.
미조, 찬영, 주희가 각자 뚱하게 앉아 있다.
탁자에 계약서가 펼쳐져 있다.
미조는 영 탐탁지 않다는 듯 얼굴이 더 뚱하다.

찬영   자세히 읽어봐라. 우리 엄마가 물어볼지도 몰라.
주희   엄마 엄청 우셨지?
찬영   밖에서 울고 오신 건지 눈만 빨갛더라.
미조   들키지나 말든가. (영 못 참고) 이런 걸 지금 하고 싶어!!
찬영   엄마랑 똑같은 말만 해… 하고 싶겠어! 나도 나름대로 결자해지하는
        거 아냐~!
미조   그니까 굳이 왜 그러냐고, 좋은 것만 해도 아쉬운데!
찬영   잔소리하지 마. 지쳐….

찬영, 정말 다 귀찮아 보인다.
주희가 미조에게 아무 말 하지 말라고 눈빛을 보낸다.
소파 헤드에 머리를 젖히고 있는 찬영이 정말 힘이 빠져 보인다.
미조와 주희, 마음이 천근만근이다.

찬영   (그 자세 그대로) 넌 결자해지, 잘 했어?
주희   뭐야 이 소리가?

미조	갔었거든. 그 사람 만나러. 다신 연락하지 말라고 했어. 내 사람들 괴롭히지도 말고.
주희	그랬더니 뭐래?
미조	몰라 나두. 독한 말 쏟아붓고 나와버렸어.
찬영	(여전히 그 자세) 잘했어. 잘한 거야.
미조	나 벌받을지도 몰라.
찬영	(벌떡 몸을 일으켜 미조를 보고) 지랄… 그런 걸로 벌받으면 지옥 터져 나가지! 아닌 걸 아니라고 하는 게 죄야?
미조	다른 사람 일은 단호하면서 왜 니 일은 주관적인지 몰라? 너도 이런 거 써 와서 엄마 마음 후벼 팔 때야? 우리도 이런데 엄마는 어떻겠냐?
찬영	(다시 고개 뒤로 젖히며) 2절 시작이다….

주희, 그만하라고 또 말린다.

12. 온누리보육원 놀이방 (낮)

햇살이 좋다. 소원이 낡은 피아노 앞에 서 있다.
차마 피아노 앞에 앉지도 못하고 가만히 서 있다.
망설이는 소원. 피아노를 연다. 또 한참 보는 소원.
의자에 앉아본다. 건반을 손끝으로 훑어본다.
마치 피아노와 씨름을 하는 듯 고집스럽게 앉아 있는 소원.
두 손은 꼼지락꼼지락… 소원, 결국 이 싸움에서 졌는지 두 손을 건반 위에 올린다.
잠시 심호흡 후, 인생의 큰 결정을 한 듯한 얼굴.
그대로 이어지는 현란한 피아노 연주. 소원의 얼굴은 달라져 있다.

이 순간만큼은 진정한 피아니스트의 모습이다.

이 세상에 피아노와 소원 자신밖에 없는 듯 아름다운 연주를 미친 듯이
이어가는 소원.

13. 온누리 보육원 원장실 (낮)

책상에 앉아 돋보기를 쓰고 서류를 살피던 원장.

피아노 선율에 고개를 든다. 입가에 미소가 번진다.

돋보기를 벗고 가만히 창밖을 바라본다. 피아노 연주 소리에 취하는 원장.

14. 차 교수 집 거실 (낮)

미현이 부모님과 선물 포장 중이다. 양말, 목도리 등등.

미현	엄마 요즘 애들은 이런 거 안 좋아해… 목도리가 웬 말이야?
미조 모	그럼 뭐 좋아하는데.
미현	현금! 머니!
미조 모	넌 어려서도 현금 좋아했지.
차 교수	미현이 얘, 작은할아버지가 세뱃돈 많이 주니까 신나서 절 두 번 했잖아. 그때 설날 분위기 수습 안 돼서 일찍 집에 왔던 거 기억나지 당신?
미조 모	아직도 식은땀 나.
미현	지나간 얘기를 굳이… 근데, 미조는 왜 안 불러?
미조 모	주말에 뭐 하러.

열심히 포장하던 미현, 헐!!!

미현 난 주말 아닌가!
미조 모 미조는 데이트하겠지. 넌 뭐 하려고 했는데?
미현 (사실 없다…) 할 거 많아 나도.

그래 그런 걸로… 세 사람 열심히 포장. 차 교수는 투명 테이프를 떼
준다.

미현 맞다! 미조 남자 친구랑 커플링 했더라?

일순간 작업 라인 스톱!! 정지화면처럼 놀란 차 교수 내외.

미현 정지화면이야 뭐야.
차 교수 커플링 했으면 밥 한번 먹어도 되는 거잖아 여보!
미조 모 이젠 정말 먹어도 되지!
차 교수 갈비찜 해서 먹이자. 원래 귀한 손님은/
미조 모 손 많이 가. 당신이 좋아하는 거 말하지 말구.
차 교수 미현아. 니 생각에도 갈비찜이 낫지?
미현 난 그날 없을 예정.
미조 모 후환이 두렵지 않으면 편하게 해.

미현, 헙…!!

미조가 들어온다. 금방 얼굴을 펴는 미현.

미조   점심 안 먹어?

미현   나 다이어트.

미조   갑자기?

미현   대회 준비한다니까….

미조   언니가 춤춘다니까 되게 웃긴 거 알지?

미현   나 대회 때 꼭 와 너! 나에 대한 괴상한 편견을 확 깨줄 거니까!

미조, 상담자 의자에 앉는다. 미현과 마주한다.

미조   언니 다 안다며?

미현   (머뭇) 그렇지 뭐… 내가 너 모르는 게 뭐 있어.

미조   맞아. 난 꼭 언니한테 걸리더라. 과외 째고 피시방 가면 꼭 언니가 거기
       있어. 희한해.

미조와 미현, 같이 품… 웃는다.

미현   정리 좀 됐어?

미조   응.

미현   어떻게.

미조   한판 붙었어.

미현   누구랑.

미조   그 사람이랑.

미현	또 갔었어?
미조	응.
미현	누가 이겼어.
미조	둘 다 졌어.

미조, 미현 각자의 시선으로 각자의 생각을 한다.

미현	종종 갈 거니?
미조	아니.
미현	그래. 가지 마.
미조	왜…?
미현	(미조를 한참 보다가) 넌 내 거니까.

웃음이 나는 미조. 미현도 웃는다.

미현	굶어서 힘 빠져 그래. 안 되겠다, 뭐 좀 먹자!
미조	참아 좀… 한참 더 빼야 돼 당신.
미현	1키로 빠졌거든요!
미조	그 정도는요, 똥만 싸도 빠져요….

미조, 일어나 나간다. 미현, 저 씨….

미현	맞다!
미조	(돌아보면)
미현	엄마가 김선우 데려오래. 날 잡자.
미조	갑자기…?

미현   이런 건 다 갑자기 하는 거야. 가만, 이 얘길 왜 너랑 상의해?

일어나 미조 제치고 나간다.

미조   어디 가~!
미현   김선우 선생님~~!!

16.   사진관 앞 (낮)

동네 작은 사진관. 가족사진들이 진열되어 있다.
찬영, 들어가려다 망설인다. 후….

17.   연기 레슨실 (낮)

테이블에 핸드폰으로 각을 맞추는 찬영. 맞은편에는 의자.
타이머를 맞춰두고 달려가 의자에 앉아 스마일.
다시 핸드폰으로 와서 사진을 확인하면 잘 안 찍혔다.
타이머를 넉넉하게 맞추고 의자에 가 앉는 찬영.
어색한 미소 짓고 한참을 기다린다. 왜 안 찍히지? 일어나는데 찰칵.

찬영   (다시 털썩 앉으며) 사진 한 장 찍기가 쯧….

찬영, 하… 한숨을 쉬며 멍하게 앉아 있다.

찬영   변변한 사진 한 장 안 찍었니 너는. 니 얼굴 뭐가 아까워서….

생각하니 욱하고 치받치는 알 수 없는 감정.

18.   사진관 안 (낮)

찬영이 사진관 의자에 앉아 있다.
나이 든 아저씨 사진사가 찬영의 머리를 단정하게 몇 가닥 잡아 넘긴다.

사진사   머리를 귀 뒤로 넘겨주실래요? 증명사진은 귀가 나와야 되거든요.
찬영   그냥 찍어도 될 거 같은데….
사진사   그렇게 찍어 가면 분명히 다시 찍어 오라고 해요. (웃는다)

찬영, 머리카락을 귀 뒤로 넘긴다.
렌즈 안에 보이는 찬영의 얼굴. 찬영 치아가 보이게 웃는다.

사진사   (찬영을 보며) 치아도 보이면 안 되는데… 누가 정했나 몰라, 그죠?
찬영   네….

찬영, 입을 다문다. 그렇게 웃어 보이고 싶은데 그렇게 되지 않는다.
찬영의 노멀한 증명사진이 찰칵.

주원의 짐이 정리가 되어 좀 휑한 방 안.
진석이 편한 복장으로 주원이와 침대에 누워 있다.

주원   아빠.
진석   응?
주원   우리 영국 가면… 아빠 이사할 거야?
진석   아니. 주원이 방 그대로 둘 거야.
주원   좋았어!

진석, 주원이가 귀여워 팔을 내준다. 진석의 팔을 베는 주원.

주원   나 1년에 한 번은 한국에 온대.
진석   당연하지. 아빠도 영국에 자주 갈게.
주원   좋았어!
진석   주원아.
주원   응?
진석   (주원을 돌아보며) …나 누구야?
주원   아빠. 주원이 아빠.

그 말이 오래 남는 진석. 주원에게 내준 팔로 꼭 끌어안는다.

진석   잊으면 안 돼…. 절대 잊으면 안 돼.
주원   숨 막혀….
진석   어 그래.

다시, 자리를 잡는 주원.

진석   내일 비행기 오래 타야겠다.
주원   게임할 거야.
진석   게임 질리게 하겠다.
주원   안 질려. 재밌어.
진석   맞아. 재밌어.

진석, 주원에게 이불을 잘 덮어준다. 애틋하다.

20.   카페 (낮)

선우와 차 교수가 마주 앉아 차를 마시고 있다.

선우   갑자기 뵙고 싶다고 연락드려서 놀라셨죠…?
차 교수   (대뜸) 놀랐지요. 식사 초대를 했는데 차 한잔하고 싶다고 하니까. 우아
        한 거절인가? 생각 많은 밤이었어요.

차 교수 짓궂게 말하지만 좋은 어른의 미소.

선우   아… 죄송합니다.
차 교수   놀린 겁니다.
선우   아버님 말씀 편하게 주세요.
차 교수   이럴 땐 존대가 편해요. (미소) 그래…. 무슨 고민이 있어서 이렇게 주눅
        이 드셨을까요.

인자한 미소로 선우를 바라보는 차 교수.

선우   제가… 미조 씨 부모님께 초대를 받는 날을 많이 기다렸습니다. 애타게
       기다렸어요. 근데… 미리 고백… 할 게 있습니다.
차 교수 고백이요? 아하… 예상 밖의 진행이네….

       선우, 입이 마른다. 차를 한 모금 마신다.
       그 모든 모습을 조용히 살피는 차 교수.
       선우의 애탐이 느껴진다.

선우   실은. (마음이 떨린다) 제 아버님께서. 미조 씨를 만난 적이 있어요.

       차 교수, 이 부분에서 자기도 모르게 경직된다. 무슨 일일까….

21.   카페 밖 (낮)

       선우가 차분하고 또 죄송하고 송구한 모습으로 긴 이야기를 하고 있고.
       차 교수는 차분하고 엄정하게 그의 이야기를 듣고 있는 모습이 보인다.

22.   카페 안 (낮)

       모든 이야기를 마친 선우는 고요하게 처분을 기다린다.
       차 교수는 그렇구나… 차를 마신다. 그리고 선우를 본다.

차 교수 그러니까 자백이네 자백. 여튼 이 자백은, 이 상황에서 김선우 씨가 우리 초대에 응해도 되겠냐… 그런 뜻이죠?

선우 면목이 없어서요.

차 교수 미조는 뭐라고 하던가요?

선우 미조 씨는….

FB (9화 S#35)/

선우 *너무너무 미안해. 미안해….*

미조 *왜 선우 씨가 미안해. 선우 씨.*

선우 *(아프게 본다)*

미조 *내가 누구의 딸이건 상관없어. 내가 어떻게 할 수 없는 일이잖아. 아버지 말씀이 속상해. 근데… 그것도 선우 씨 의지가 아니잖아. 그래서 괜찮아.*

차 교수, 갑자기 으하하 웃는다. 놀라는 선우.

차 교수 우리 미조가 나를 닮아서 아주 현명해! 애가 참해 아주!!

선우 (아… 어떻게 반응하지…)

차 교수 그렇지 않아요?

선우 네 맞습니다. 아주 현명하고 참합니다.

차 교수 잘 컸어. 신통방통하네 그놈 참.

차 교수, 아주 흡족해한다. 그리고 따뜻한 시선으로 선우를 본다.

차 교수 나는요. 선우 씨와 미조가 그 일에 끌려다니지 말았으면 해요.

차 교수, 차분하고 진지하다.

차 교수   이 말은 미조에게도 해줄 겁니다. 두 사람 사이에, 아버지와의 일들을 끌어다 두지 말았으면 좋겠어요. 물론 나도 기분이 안 좋죠. 내가 얼마나 애지중지 귀하게 키운 딸인데 그런 말 들었다니, 화나죠.

선우, 면목이 없다.

차 교수   근데 어쩌겠어요. 선우 씨 아버지 입장은 그렇다는데. 그건 이제 아버님 숙제인 거고. 미조랑 선우 씨는 두 사람 일상을 살았으면 좋겠어요.
선우   (눈물이 찬다. 참는다) 그렇게 하겠습니다.
차 교수   오늘 그 이야기를 해줘서 고마워요. 자백하기 어려운 얘긴데. 자백이라고 봐야지?
선우   (울상이었다가 웃는다) 네 맞습니다, 자백.
차 교수   미조 사랑하죠?
선우   …. (온 마음을 다해) 사랑합니다.

차 교수, 고개를 끄덕끄덕….

차 교수   뭐 좋아해요. 갈비찜 좋아하시나?
선우   네… 뭐든 다….
차 교수   아니, 아니. 딱 찍어야 돼. 갈비찜. 소갈비.
선우   소갈비찜 좋아합니다.
차 교수   아이고 덕분에 소갈비찜 먹겠네. 미조 엄마가 손 많이 간다고 안 해줘. 내가 해달라 그러잖아요? 나가서 사 먹으래.
선우   소갈비찜 먹고 싶습니다.

차 교수, 선우가 더 마음에 든다. 선우도 차 교수가 좋다.

찬영 부가 운전을 하고 찬영과 찬영 모가 뒷좌석에 있다.

찬영   세단 타니까 좋다 아빠!
찬영 부   승차감 좋지?
찬영 모   유지비가 얼만데 승차감 좋지 뭐.
찬영 부   백화점 한번 갈까?
찬영 모   살 것도 없는데 뭐 하러 가요.
찬영   엄마. 돈을 좀 써야 나라 경제가 돌아간다니까.
찬영 모   우리 말고도 쓸 사람 많아.
찬영 부   거의 다 온 거 같은데?

네비를 보는 찬영 부.

아담한 한정식집. 찬영 가족이 내린다.

찬영   분위기 좋지?
찬영 모   좋네….
찬영   들어가자. 내가 쏘는 거야.

음식이 풍성하다. 그러나 다들 많이 먹진 못한다.
찬영은 자신이 잘 먹어야 될 거 같아서 부지런히 젓가락질을 한다.

찬영		정가네밥상도 분위기를 좀 바꿔야 돼. 요즘은 먹을 때도 분위기 중요하
		게 생각한다니까?
찬영 모		우리 집도 정감 있다고 좋아해!
찬영		공사 좀 하자 아빠… 너무 오래됐어.
찬영 부		멀쩡한데 뭐 하러.
찬영 모		하나도 안 멀쩡하거든. 겨울엔 춥고 여름엔 덥고.
찬영 모		보일러 돌아가지, 에어컨 잘 나오지.
찬영		그럼 주방이라도 좀 고치자. 엄마랑 이모님 둘 들어가면 좁잖아.
찬영 모		어여 먹어. 내가 만든 거보다 맛있다 야.
찬영		엄마….
찬영 모		나중에 해, 나중에. 뭐가 급해.
찬영		나는.

찬영, 나는 급하다는 말을 하고 싶은데 참는다.

찬영		이것 좀 먹어봐. 이게 시그니처야. 대표선수!
찬영 부		이 집 사장님이 솜씨가 좋다. 맛있어.

찬영, 결국 아무 말도 못 하는 것이 아쉽다.

26.　선우 집 거실 (밤)

소원이가 왔다. 김장한 걸 신고 왔다.

소원　오빠 김치 사 먹지 말고 이거 먹으래 원장님이.
선우　김장한 거야?
소원　응. 엄청 많이 했어.
선우　나도 부르지! 수육 해서 먹었어야 되는데… 아 침 돈다.
소원　나중에 와. 내가 해볼게.
선우　요리는 좀….

선우와 소원 식탁에 앉는다.

선우　오빠한테 오라고 하지, 무거운데 가지고 왔어….
소원　서울에 일도 있었고.
선우　일?
소원　면접 봤어.
선우　어디…?

괜히 불안한 선우. 이럴 줄 알았다는 듯 웃는 소원.

소원　오케스트라.

너무나… 너무나 놀라는 선우.

소원　서울 시향 봤는데, 떨어지면 다른 지역도 봐보려고.

선우, 소원의 손을 두 손으로 꽉 잡고 아무 말도 못 하고 기뻐한다.

소원   어디든 붙었으면 좋겠어.
선우   될 거야. 당연히 되지 니가 피아노를 얼마나 잘 치는데.
소원   미조 언니가. 나 피아노 잘 치는 거… 유전자래. 미국 아버지 돈으로 만
       든 거 아니래. (피식) 언니한테 그 돈 들어도 자기는 나만큼 못 칠 거래.

선우, 가슴이 벅차다. 소원이도 고맙고 미조도 고맙다.

소원   나 피아노 치는 거… 좋아.
선우   나 너무 행복하다. 엄마도 보고 계시겠지? 나보다 더 좋아하실 거야…
소원   오빠 결혼하면. 내가 피아노 쳐줄게, 신랑 입장 멋있게 해.

선우, 이런 날이 오니 정말이지 너무나 행복하다.

27.   미조 집 안방, 거실 (밤)

미조 씻고 나와 화장대에 앉아 세럼을 바르고 있다.
초인종이 울린다. 거실로 나가는 미조.

/거실. 인터폰 화면 보면 선우가 초조한 얼굴로 서 있다.

미조   어….

놀라서 문을 여는 미조. 문이 열리자 득달같이 들어오는 선우.

미조   선우 씨. 왜 그래? 무슨 일 있어??

선우, 다짜고짜 미조를 꽉 안는다. 미조가 숨이 막히도록 꽉 안는 선우.

미조   왜 그래… 어?
선우   고마워. 고마워. 고마워….

미조, 무슨 일이지 영문은 모르지만 선우의 등을 토닥인다.

선우   (미조의 얼굴을 보며) 소원이가 면접 봤어. 서울 시향 면접.
미조   (급 화색) 정말? 잘됐네~!! 소원 씨 잘했다, 잘했어!
선우   너가 이렇게 만든 거야. 너가 소원이 살린 거야….

다시 꼭 안는 선우.

선우   고마워. 고마워 미조야…!
미조   좋다… 잘됐다, 좋다….

서로 큰 위로를 받는 미조와 선우.

28.   찬영 집 거실 (밤)

진석이 경직된 모습으로 거실에 앉아 있다.
찬영 모, 찬영 부가 좀 긴장한 모습이다. 따뜻한 차가 보인다.

| 찬영 모 | 찬영이는 레슨실에 일이 있다고…. |
| 진석 | 네 알아요. 없는 거 알고 왔어요. |

찬영 부모 서로 의아하게 눈빛 주고받는다.

진석	찬영이 있으면 상의드리기 곤란해서….
찬영 부	뭔지 모르지만. 편하게 얘기해요.
진석	제가… 이기적인 말씀을 드리려구요.

찬영 모 긴장한다. 걱정한다.

| 진석 | 저… 찬영이랑. 찬영이랑 혼인신고 하고 싶습니다. |

애타는 눈으로 찬영의 부모를 바라보는 진석.
찬영 부모는 당황한다. 이내 얼굴이 굳는 찬영 모.

찬영 모	혼인신고가 애들 장난도 아니고….
진석	염치없지만. 장난 아닙니다. 진심이에요.
찬영 부	이혼한 지 얼마나 됐다고 찬영이랑… 그건 아니지.
진석	이러려고 서둘러 이혼한 건 아닙니다. 제 이혼은 오랫동안 고민했던 다른 문제예요. 지금 이런 말씀을 드리는/
찬영 부	이제 와서 무슨 영화를 보겠다고 우리 찬영이가 김 대표랑 혼인신고를 해요. 이제 죽는다니까 불쌍해서 이러는 건가? 이런다고 우리 애가 행복할까? 그렇게 생각해요!

찬영 부, 노여움이 일어난다. 찬영 모는 복잡한 얼굴로 듣고 있다.

진석	아니요… 뭐가 행복하겠어요… 혼인신고 한다고 찬영이 하루하루가 얼마나 나아지겠어요….
찬영 부	아는 사람이! (잠정 줄이고) 다 알 만한 사람이 왜 이래요.
진석	저 좀 살려주세요 아버님 어머님….

진석, 참았던 눈물이 터진다. 흐느끼듯 우는 진석.

진석	같이 따라가려고 했어요… 찬영이 가면 저도 가려구요…. 근데 용기가 없어서… 그것도 못 하겠고… 남아서 살려니까… 비참하고… 살아갈 명분이… 명분이 없어요….
찬영 부	….
진석	정말… 죄송하고… 저한테 평생 쌍놈이라고 욕을 하시더라도… 불쌍한 놈… 살려주세요. 찬영이 남편이라는 명분으로… 어떻게든 살아가게… 도와주세요.

진석, 무릎을 모으고 고개를 깊게, 계속 숙이며.

| 진석 | 부탁드립니다. 부탁드려요. 제발 허락해주세요… 부탁드립니다. 부탁드립니다/ |
| 찬영 모 | 그만해요. |

진석, 바닥에 닿을 듯한 머리를 들지 못하고 흐느낀다.

| 찬영 모 | 여보 우리 찬영이 보냅시다. 진석 씨한테 보내자구. 호적 파서 보내자 우리. |

찬영 부도 놀라고, 진석도 눈물범벅인 얼굴을 들어 찬영 모를 본다.

찬영 모   난 그렇게 할래.
찬영 부   찬영 엄마!

찬영 모, 고집을 얼굴에 가득. 슬픈 고집.

찬영 모   이렇게 보내든 저렇게 보내든 가슴 아프긴 매한가지야. 그래도 내 새
          끼… 기일마다 눈물 흘려줄 남편 있는 거, 난 그렇게 할래.
진석   (입술이 떨린다)
찬영 모   염치없이 나도 좀 부탁할게요. 그렇게 해줘요. 우리 찬영이… 혈혈단신
          떠나지 않게 해줘요.

찬영 부, 찬영 모 마음을 알 거 같다. 하… 더 반대하지 못하는.

진석   감사합니다… 모자란 놈… 살려주셔서… 감사합니다….

진석, 너무 감사하고 또 슬퍼서 눈물이 멈추지 않는다.
찬영 모, 찬영 부의 손을 잡는다. 찬영 부도 알겠다는 듯 고개만 끄덕
인다.

29.   제이피부과 원장실 (낮)

점심시간. 미조가 찬영에게 전화를 한다.
부스스한 목소리로 받는 찬영.

미조	점심 먹었어?
찬영(F)	응. 먹었어….
미조	잤구나?
찬영(F)	응. 깜박 잠이 들었네….
미조	식물원 갈래? 나 진료 끝났거든. 서울에 식물원이 있대. 엄청 잘해놨더라?

30.   찬영 집 방 (낮)

침대에 멍하게 누워 있는 찬영.

찬영	담에 가자. 이따가 엄마랑 아빠랑 어디 가기로 했어.
미조(F)	아 그래? 그럼 저녁에 볼까? 집으로 가도 되고.
찬영	봐서… 나중에 다시 통화하자.

찬영, 통화를 마치고 멍하게 누워 천정만 본다.
머리만 아프다. 다시 모로 누워 눈을 감는 찬영.

찬영 모	찬영아. 날씨 맑다. 산책 갈래?
찬영	나 좀 추워. 이따가 갈까?
찬영 모	보일러 좀 올려줄게. 많이 추워?
찬영	아니… 밖이 춥다고….

찬영, 돌아눕는다.

31.   제이피부과 원장실 (낮)

미조, 흠… 찬영이 걱정에 환자도 없는데 기다린다.
찬영 모에게서 전화가 온다. 반갑고 또 긴장되는 미조.

미조   엄마! 저 병원이요. 아뇨, 진료 마쳤어요.

이야기를 듣는 미조가 점점 가라앉는다.

미조   너무 걱정하지 마세요. 네. 네….

걱정이 짙어지는 미조 얼굴.

32.   제이피부과 선우 진료실 (밤)

선우와 미조가 마주 앉아 이야기 중이다.

선우   걱정되지?
미조   응… 많이 다운되나 봐. (머리를 잡으며) 어떻게 해야 될지 모르겠어….
선우   찬영 씨 잘 버틴다 했어. 씩씩했잖아.
미조   하….
선우   우리 엄마도 그러셨어. 매일 웃으면서 잘 버티셨는데. 어느 날 갑자기
          예민해지셔서… 그런 시기가 오더라. 어떡하지…?
미조   사람이라는 건 참 그래. 이기적인가 봐.
선우   왜…

미조	…. 잠깐잠깐 잊어. 찬영이 혼자 버티고 있다는 거.
선우	그럴 수 있어….
미조	아니. 그럼 안 돼. 그러면 안 돼.

많이 괴로운 미조.

33. 찬영 집 방 (밤)

아무것도 하기 싫은 찬영. 여전히 누워만 있다.
미조에게 전화가 온다. 할 수 없이 받는 찬영.

찬영	응.
미조(F)	뭐해?
찬영	그냥 있어.

34. 미조 자동차 안 (밤)

미조 운전하며 통화 중이다.

미조	드라이브 가자.
찬영(F)	겨울밤에 너랑 무슨… 피곤해….
미조	나 출발했어 지금. 끊어~.

미조, 전화를 끊고 속도를 낸다.

미조가 찬영 집 앞으로 들어선다.
저만치… 목도리며 모자로 무장한 찬영이 건물 입구에 쭈그리고 앉아
있는 게 보인다.

미조   추운데 벌써….

찬영이 미조 자동차를 발견한다. 일어나 손을 흔든다.
그대로 웃으며 손을 흔드는 패딩에 둘러싸인 찬영을 보는 미조.
울컥한다. 찬영 앞에 선다. 찬영이 탄다.

찬영   아 추워.
미조   코 봐. 얼었나 봐 빨개! 언제부터 있었던 거야?
찬영   전화받고 바로 나왔지. 웃긴다? 너 온다니까 기다려지더라?

미조, 울컥하는데 참고 기어를 넣는다.

찬영   이 조합으로 드라이브가 웬 말이야?

하면서도 기분이 좀 나아진 찬영.

찬영을 태우고 드라이브하는 미조.

찬영	히터 좀 줄여, 익겠다 익겠어.
미조	감기 걸리면 안 돼.
찬영	더워서 감기 걸리겠어.

미조, 히터를 줄인다.

찬영	안 피곤해?
미조	오후에 커피를 괜히 마셨나… 잠도 안 올 거 같고.
찬영	있잖아. 나 영정 사진 찍었어.
미조	!!!
찬영	영정 사진이라고 말은 못 하고… 증명 사진으로 찍었는데 별로야. 아니 난 웃고 찍고 싶은데 이빨 보이면 안 된다잖아.
미조	(또 욱하고 올라온다) 심심하지 너? 혼자서 야무지다 아주.
찬영	SNS도 정리했어.
미조	왜.
찬영	알아보니까 죽고 나면 가족들이 SNS 정리하는 게 어렵다더라고?
미조	야.
찬영	잔소리할 거면 집에 간다.

미조, 참는다. 속이 상해 죽겠다.
찬영, 창밖을 바라보며.

| 찬영 | 지구에서 제일 신나는 시한부 되는 건 어려운 거 같아. |

감자튀김은 그대로다. 차 두 잔.

미조   이 시간에도 사람이 많다.
찬영   잠 안 오는 사람들 많아. 너도 잠 안 오면 약 먹지 말고 나가서 놀아.
미조   병원에선 졸고? (웃는다)

찬영도 피식 웃는다. 잠시 말이 없는 두 사람.

찬영   사람이 죽으면 말이야. (하다가) 이런 얘기 하지 말까?
미조   괜찮아. 니가 제일 속상하지… 속상한 얘기 해. 오늘 치팅 데이 해줄게.
        맘껏 해.

피식 웃는 찬영.

찬영   사람이 죽으면… 내가 죽으면 말이야. 남은 사람들이 보이는 걸까?
미조   그러게….
찬영   내가 영혼이 돼서 울고 있는 엄마 아빠… 너희들, 진석이 오빠…. 다 보
        이는 걸까 궁금해. 사람은 모두 죽는데… 죽으면 어떻게 되는지 알 길
        이 없으니까 두려운 거 같아.
미조   …. 데이터가 없다 그치?
찬영   숨이 멈출 때… 많이 고통스러운 건 아닐까… 요즘 그런 생각을 해.
미조   왜 부쩍… 그런 생각만 해….
찬영   모르겠어. 감정이 오르락내리락해. 너 온다니까 나온 거야. 진석이 오빠
        는 멘탈 털렸을 걸? 보자고 해도 나중에 나중에…. 괜히 나가기가 싫어.

미조	요즘 많이 힘들지 너.
찬영	그런가 봐. 한번 통증이 오면… 더 그런 거 같아.
미조	많이… 아프지?
찬영	응. 진통제 안 먹으면 괴로워. 나중에 진통제도 안 들으면 어쩌나… 무서워.
미조	찬영아.
찬영	….
미조	내가 같이 나눴으면 좋겠어.
찬영	뭘?
미조	너 아픈 거. 열 번 중에 다섯 번쯤은… 내가 대신 아팠으면 좋겠어.
찬영	미친….
미조	진심이야. 너 혼자 다 짊어지는 게. 힘들어.

두 친구 말없이 창밖만 본다.

찬영	난 잘 산 거 같아.
미조	(찬영을 본다)
찬영	엄마 아빠 말고 누가 나 대신 아팠으면 좋겠다고 하겠어.
미조	(웃는다) 진석이 오빠도 그럴걸?
찬영	너도… 진석이도… 고마워.

차분한 두 사람의 모습.

찬영	답답하다. 나가자.

미조와 찬영이 나란히 걷고 있다.

미조   요즘 누가 제일 많이 생각나? 나 빼고.

찬영   넌 순위에도 없어.

미조   상위권인 거 다 알아.

찬영   엄마 아빠. 나 없이 둘이 남아서 어떻게 살까… 매일매일 생각해. 자식이
       라도 하나 더 낳지.

미조   나랑 주희가 자주 찾아뵐 거야.

찬영   부탁해. (걸음을 멈추고 미조 보며) 정말….

미조   걱정하지 마.

다시 걷는 두 사람.

찬영   가게 바닥도 차가운데 두 양반이 거기서 먹고 자고 하는 거 아닌가 걱
       정돼. 집 놔두고 왜 그러나 몰라.

미조   일찍 시작하셔야 되니까 가게가 편하신가 봐.

찬영   그렇긴 한데… 주방도 낡아서 여름엔 덥고 겨울엔 춥고. 왜 이제야 그런
       게 눈에 들어오냐.

미조   우리가 요즘 부쩍 철이 들어, 그치?

찬영   레슨실 보증금 받은 거랑 통장 털어보니까 좀 되더라?

미조   부자네 정찬영.

찬영   그 돈으로 엄마 아빠 뭘 해주고 싶은데… 돈이 없는 사람들도 아니고. 주
       식을 사서 줄까?

미조   주식은 아무나 하니? 날 주던가.

찬영	축의금 좀 주고 갈까? 너 선우 씨랑 결혼할 거잖아.
미조	그 얘기가 왜 나와?
찬영	야 그럼 뭐, 지금까지 잘 만나놓고, 이제 와서 '그동안 즐거웠어' 할 거 야? 너 그럼 청담동 양아치 되는 거야!
미조	아니, 갑자기 왜 내 얘길 해? 그리고, 결혼이 장난이야? 양아치까지 될 건 아니지 쫏….
찬영	아 스트레스받아. 드라이브하자고 꼬셔놓고 스트레스 주는 거 봐.
미조	아 추워. (찬영 팔짱 끼며 뒤돌아) 백해 백! 더 가면 얼어 우리.

끌려가며 풉… 웃는 찬영.

39.   미조 자동차 안 (밤)

혼자 운전하는 미조. 시간은 새벽 1시 10분.
신호에 걸린다. 우울함이 깊다. 갑자기 깜빡이를 넣는 미조.

40.   주희 집 거실 (밤)

잠에서 깬 주희 모와 주희가 놀란 얼굴이다.
미조가 지친 얼굴로 서 있다.

미조	엄마 잠 깼네. 죄송해요.
주희 모	무슨 일 있어?
미조	잠이 안 와서요.

주희 모	뭐 좀 줄까?
미조	아니요. 배 안 고파요.
주희	너 뭐야…?
미조	엄마 주무세요. 저 주희랑 얘기 좀 하다 갈게.
주희 모	그래. 편하게 있어.

주희 모 들어간다. 미조, 소파에 털썩 앉는다. 우울하다.
곁에 앉는 주희.

주희	왜 그래.
미조	…. (눈물이 고인다)
주희	어?
미조	…. 정찬영이. 영정 사진을 혼자 찍었대.
주희	아휴…. 증말 씨….
미조	요즘 잘 나오지도 않아.
주희	그러더라. 나도 몇 번이나 집으로 간다고 해도 둘러대고 말더라고.
미조	웃고 찍고 싶었는데. 증명 사진은 이빨 보이면 안 된다고 했대.
주희	혼자 별걸 다 한다….
미조	어떡하냐 우리….

미조, 눈을 감는다. 눈물이 볼을 타고 흐른다.
주희, 착잡하게 고개를 숙이고 있다.

찬영(E)   돌았지 너!!!

찬영은 너무나 화가 나 있다.
진석이 절대 물러나지 않을 표정으로 마주 서 있다.

찬영   뭘 해? 너랑 나랑 뭘 한다고?
진석   몇 번 말해….
찬영   말 같지도 않으니까 이러잖아!!
진석   야, 사람들이 다 쳐다보잖아… 진정하고.
찬영   진정 같은 소리하고 있네, 제정신이니?
진석   머리가 아주 맑아. 정하고 나니까 제정신이 들어와.
찬영   아 씨 정말 미치겠네…. 야 김진석!!
진석   넌 그냥 있으면 돼. 아버지 어머님도 허락하셨어.
찬영   다들 제정신 아니구나. 어? 미쳤나 봐!
진석   내가 그렇게 싫어!
찬영   싫다고 이래 내가? 어! 생각을… (미치겠다) 생각을 해봐…. 이혼남 된
         지 얼마나 됐다고, 사별남도 되고 싶니!!
진석   안 되고 싶어 사별남!!
찬영   (어이가 없다)
진석   내가 사별남 되고 싶어서 이래? 정찬영 남편이 되고 싶다고, 니 남편!!!
         그렇게 있다가. …그렇게 남아서 살고 싶다고.

찬영, 아 정말… 화가 나서 머리만 넘긴다.

찬영	다신 말도 꺼내지 마. 또 이런 얘기 나오면. 오늘 보는 게 끝이야.
진석	….
찬영	알았냐고!!
진석	대답 못 해. 추워 들어가자….
찬영	너는 니네 집 가!!!

찬영, 열받아서 팍팍 걸어가는데, 전화가 온다.
주희다. 아 씨… 지금 이 상태로 못 받는다. 진석이 따라붙는다.

| 찬영 | 오지 말라고 했다. |
| 진석 | 어서 가. 바람 분다. |

카톡이 온다. 뭐야 또… 얼핏 보면. 주희다.

| 찬영 | 얘는 왜…. |

42.   커피숍 (낮)

미조가 찬영 모를 만나고 있다.

미조	가게 열쇠 안 주시면 따고 들어가요 우리.
찬영 모	(당황스럽다) 얘들이 갑자기 왜 가게를… 당장 뭘 할 것도 아니고….
미조	그러니까… 쉬시는 동안 공사하면 딱 좋잖아요. 찬영이 레슨실 보증금으로 주식 사드린대. 그거보다 낫잖아요.
찬영 모	아니… 멀쩡하게 운영되는 가게에 왜 돈을 들여.

미조   엄마.

찬영 모   ….

미조   찬영이가 마음을 많이 쓰고 있어요. 엄마 아빠 뭐든 해드리고 싶나 봐.
         그렇게 해요 우리. 그래야 찬영이 마음 편하죠….

찬영 모   아이고…. (어쩌지…)

미조   공사하는 동안 찬영이가 얼마나 업되겠어요. 종일 방에서… 힘들잖아 찬
         영이.

         찬영 모, 생각이 많다. 그래야 되나… 이때, 미조의 핸드폰이 울린다. 주
         희다.

미조   잠시만요. (전화받고) 나 지금… 어? 갑자기?

주희(F)   찬영이 태워서 놀러 가자! 2시 찬영이 집 앞에서 출발!

미조   주희야. 여보세요? 장주희!!

         전화 끊겼다.

미조   주희가 헛소리를…. (흐흐…)

43.   차이나타운 안 (낮)

         현준은 어서 가라고 방긋 웃고, 주희는 필름 카메라 들고 미안해한다.

현준   자동 초점이니까 어렵지 않을 거예요.

주희   고장 나면 어떡하지…? 내 손만 타면 뭐든 잘 고장이 나서.

현준	괜찮아요. 맘 놓고 찬영이 누나 사진 많이 찍어주세요.
주희	매번 미안해서 어쩌지? 그냥 알바를 정식으로 다시 구하자.
현준	괜찮아요. 누나 바쁠 때 (돌아보며) 친구 오니까.

이제야 카메라에 들어오는 현준 친구, 백수 같다.

주희	감사해요.
친구	별말씀/
현준	백수라 괜찮아.
친구	(왓!!) 시나리오 쓰는 게 왜 백수야 이 색…(참자)
주희	나가야겠다! 고마워요 현준 씨!!!

주희, 급하게 나간다. 매우 뿌듯하게 보는 현준.

친구	오늘은 최저 시급 안 된다.
현준	알았어. 만 원.

친구 개이득, 신난다.
현준은 괜히 기분이 좋다.

44.   풍경 좋은 곳 (낮)

찬영과 미조가 뚱하게 서 있다.
주희는 카메라를 꺼내 들고 거의 포토그래퍼 느낌이다.

찬영	사진을 찍을 거면. 말을 했어야지. 이 몰골로 지금….
주희	오늘 컨셉이 내추럴이야. 딱 좋아!
미조	(카메라 보며) 너 그거 되는 거야? 장난감 아니야?
주희	야, 이거 현준 씨가 아끼는 카메라거든? 들어봐, 얼마나 무거운데!
미조	카메라를 무게로 아니? 잘 찍히는지 봐야지.
주희	됐고. 둘이 자연스럽게 산책을 해. 내가 내추럴하게 찍을 거니까.
찬영	아 불안하다… (미조에게) 너 주희한테 나 영정 사진 오바한 거 얘기했지?
미조	(뜨끔) 마음을 나눈 거였어. 주희 원래 최선을 다하는 스타일이잖아.

주희, 이미 찍고 있다.

미조	야 왜 찍어~!
주희	(카메라 눈에 대고) 아주 좋아! 찬영아 웃어! 스마일~!!
찬영	돌 사진 찍냐!
주희	(무시하고 주위를 보며) 저쪽이 좋다. 이동!

씩씩하게 나서는 주희. 찬영은 미조에게 궁시렁.
미조는 아 어쩌라고…. 쩝… 주희 따라나선다.

/이곳저곳에서 주희의 주문대로 피사체가 되어주는 찬영.
주희, 오버하며 땅에 누워서 찍고 난리다.
미조, 아우 부끄러워…. 얼굴을 가리고.
찬영은 미쳤니… 인상을 쓰고 주희를 본다.

주희	무심하게 스마일~! (에이…) 카메라 들어봐.

주희, 찬영에게 카메라를 주고.
인스타 사진처럼 하늘을 슥 보고, 손가락 들어 갸웃.

주희   이런 식으로… 봤어? 시선 이렇게….
찬영   풉~!!! 와 장주희 대박 진짜….

찬영, 그런 주희가 너무 웃겨서 카메라 들고 깔깔 웃는다.
미조, 두 사람의 모습에 웃음이 난다.

주희   이렇게 하는 거야. (무심코 옆을 보듯) 뭘 몰라 니가.
찬영   야 내추럴이라며! 큭큭큭….
미조(E) 찬영아.

찬영, 카메라 들고 정말 웃겨서 미소를 지은 채 무심코 돌아보는 모습.
미조가 핸드폰으로 찍는다. 찰칵….

찬영(E) 이걸로 픽. 내 사진….

45.   미조 집 거실 (밤)

셋이서 뻗었다. 소파에 다리를 올리고 누워 쉬고 있다.

미조   아이고 나이 들었다. 아 힘들어….
찬영   어떻게 한 장을 못 건졌냐 장주희.
주희   자동 초점이라고 했거든? 아씨….

미조	초점은 맞았어. 나뭇잎, 지나가는 아저씨….
주희	그래도 바람도 쐬고 재밌었잖아.
미조	재밌긴 했어. 그치?
찬영	주희 누워서 찍는 거 봤지?
주희	그만 놀려~!!

셋이서 편안하게 누워 천정만 보며 노닥노닥….

주희	애들아.
미조	뭐 하자고 하지 마.
찬영	하기만 해.
주희	아니거든! (다시 캄다운하고) 나 네일아트 수강하려고.
미조	네일아트?
주희	네일아트 숍 하면 어떨까 해서.
찬영	음… 어울리네! 주희 꼼꼼하잖아.
미조	그치… 너 세럼 코너 오기 전에 색조 코너에서 오래 있었잖아. 컬러감은 있지 니가.
주희	내 말이. 내가 색조 화장 제일 탑이었던 거 알지.
미조, 찬영	몰라.
주희	암튼. 나 수강해서 배우고 나면, 너희들 손가락 내놔.
찬영	아 무서워. 무슨 호러야? 손가락 내놔….
주희	연습해야지!
찬영	난 안 돼. 상처라도 나봐. 큰~~일 나. 염증, 합병증. 알지?
주희	그렇지…. (심각)
미조	나도 안 돼.
주희	(벌떡 일어나) 넌 왜!!

미조	…무서워. 무서운 것도 이유 되잖아~!
주희	와 씨… 와 진짜 이기적인 년. 야!
미조	왜!
주희	너 의대 다닐 때, 미숙한 너에게 내 정맥을 몇 번이나 내줬어 내가!
미조	(쩝…) 아 맞다!

미조, 핸드백에서 열쇠 꾸러미를 꺼내 흔든다.

찬영	어! 그거….
미조	정가네밥상은 내 손에 있어. 잘 보여 정찬영.
주희	그게 왜 너한테 있어?
미조	내가 엄마 아빠 설득해서 받아 왔지. 주방 쪽만 공사하기로 했어.
찬영	왜 딸 말은 안 듣고 니 말은 들어?
미조	뭐랄까… 언변? 사람의 마음을 움직이는 설득력?
주희	좋은 생각이다. 우리도 가야지!
미조	그치. 짐도 옮겨내야 되고. 너랑 나랑 둘이서. (어…) 빡센데?
주희	선우 씨 뭐해.
찬영	진석이는 부르지 마!!
미조	또 싸웠구만. 또 싸웠어.
찬영	헛소리를 작작 해야지. 혼인신고 하재 나보고. 참 나….

미조와 주희 눈 깜박…깜박….

주희	난 찬성….
찬영	조용해 너.
미조	진석이 철들었네.

천영	둘 다 조용해라.

미조, 혼인신고… 기분이 좋아진다.

46.   차 교수 집 거실 (낮)

선우가 선물을 들고 있다. 미조는 어색하다.
미조 모가 너무나 반가워한다. 차 교수도 좋아한다.

미현	(선물 받으며) 여기서 보니까 또 남달라요?
미조 모	어서 와요. 이날이 언제 오나 기다렸어요.
선우	초대해 주셔서 감사합니다.
미조	갈비찜 냄새 난다 엄마?
차 교수	선우 군이 갈비찜 좋아한다 그래서. 입맛이 나랑 비슷해?

미조, 선우를 본다. 선우 맞다고 끄덕인다.

47.   차 교수 집 주방 (낮)

맛있게 식사를 하는 가족들.

미조 모	외동이에요?
미현	동생 있어. 되게 예뻐.
미조	피아노 전공. 줄리아드.

미조 모	어머… 미국에 있어요?
선우	아니요. 한국에 있어요.
미조	오케스트라 면접 보고 있어.
미조 모	나중에 연주회 있으면 한번 초대해줘요.
선우	좋죠. 꼭 전하겠습니다.
미현	아 이거 시누이 별론데… 말리는 시누이 그거잖아?
미조	엄마가 김칫국 안 끓이길 잘 했어. 왜 그래 당신?
미현	엄마. 얘가 나보고 이런다니까? 당신이 뭐야, 그치?
미조 모	그래. 언니한테….
미조	시누이가 왜 나오냐고.
미현	이런 분위긴데 결혼은 아니라고? 경우가 없어 차미조!
선우	저기… 저도 그렇게 생각합니다. (미조에게) 소원이는 웨딩 송 연습 들어갔어.
차 교수	으하하하~!! 이거 착착이네 아주. 여보, 와인 하나 땁시다!
미조 모	대낮이에요.
차 교수	쩝….
미현	엄마. 이런 날 마시는 게 낮술이야.
미조 모	습!!
미현	네….
미조	말리는 시누이가 문제가 아니라, 텐션 높은 처형이 문제일 수 있어.
미현	아빠. 우리끼리 나가서 한잔할까? 선우 씨 어때요?
차 교수	엄마 말 듣자. 물 마셔 물.
선우	갈비찜엔 물이죠….
미현	엄마 나 선볼래. 계속 이런 분위기일 거 아냐.

다 같이 박수!! 선우도 얼결에 박수!!

차 교수	오늘 기분이 아주 좋아! 우리 두 딸이 드디어 정신을 차리고~! 여보, 이런 날 한 곡 불러도 되지?
미현	아니! 그럼 선우 씨 도망간다.
선우	아니요, 아니요. 한 곡 하시죠 아버님!
차 교수	그럴까 그럼?
미조 모	아빠 정말 기분 좋으신가 보다. 당신 그거 부를 거지?
차 교수	혹시 '낭만에 대하여' 아나?
선우	네. 알아요.
미조 모	모른다고 해요. 알면 귀찮아져요.
차 교수	나 언제 시작해.
미조	(숟가락 쥐여주며) 지금!!

차 교수, 인사를 하며 노래를 시작하려 한다.
분위기 좋은 미조 가족들과 선우. 미조와 선우 서로 바라본다. 행복하다.

48. 미조 집 거실 (밤)

미조, 물을 마시다가 식탁을 본다.
주희가 찍었던 망한 사진들이 눈에 들어온다.
미조, 또 봐도 웃긴다. 웃으며 좀 보다가 좀 마음이 그렇다.
초점이 나간 찬영의 여러 얼굴을 보니 또 툭… 하고 마음이 울적하다.

연기 레슨실 (밤)

짐을 박스에 정리하고 있는데, 문자가 들어온다.
미조가 보낸 찬영의 사진.

문자 인서트/
[잘 나왔다! 역시 피사체 좋아.]

찬영   니가 잘 찍었지….

찬영, 미조가 보낸 메시지 보며 갑자기 마음이 울컥한다.

찬영   난 … 해줄 게 없다 미조야….

조금 서글픈 찬영의 얼굴.

50.   차이나타운 안 (낮)

점심 장사를 마친 현준. 오늘따라 힘이 없어 보인다.
친구가 허리를 돌리며 으….

친구   야, 이거 장난 아니네. 그 누님은 이걸 매일/
현준   누님이 뭐야, 누나지. 글 쓰는 놈이 호칭 뉘앙스도 모르냐?
친구   뭐지 이 까칠함은. 근데 누나 어디 가셨냐 오늘은?
현준   공사 현장 뛰러 가셨다.

친구   공사장 인부?? 와우….

        현준, 뭔가 허전하고 짜증도 좀 나고.

51.   진석 자동차 안 (낮)

        찬영을 태워 가는 진석. 눈치를 본다.

진석   어머니가 죽 싸준 거 싫었지 내가? 정신이 없어. 아 니가 이런 얼굴로
        있으니까 멘탈이 나가잖아!
찬영   정상 멘탈은 아니지. 혼인신고? 어이없어 정말.
진석   자꾸 화내면 차에서 안 내려준다! 미조랑 주희 다 하라 그런다!
찬영   몰라!!

52.   정가네일품밥상 앞 (낮)

        미조의 자동차와 진석의 자동차.
        용사들이 다 모였다.

53.   정가네일품밥상 홀 (낮)

        진석은 인테리어 업자와 이야기 중이다.
        주방이 보인다. 미조, 선우, 주희가 짐을 정리하고 있다.

진석	주방을 1미터 정도 뺄 수 있겠죠?
업자	가능하죠. 그럼 꽤 넓어지겠네요.
찬영	저기… 저쪽에 작은 방 하나 만들 수 있을까요?
업자	크기는 얼마나….
찬영	어…. 두 사람이 쉴 수 있는 정도….
업자	어렵지 않아요.
찬영	보일러도 깔아주세요. 아 그리고, 벽은 황토로 발라주세요.

업자, 메모를 해나간다. 찬영을 기특하게 또 짠하게 바라보는 진석.

54. 정가네일품밥상 주방 (낮)

짐을 정리하는 일행. 찬영 오래된 스테인리스 국자를 꺼내 든다.

찬영	와… 이거 나 초등학교 입학할 때 산 거 같은데?
진석	그 정도면 유물이다, 그치 찬영아!

찬영, 쌩~ 선우, 뭐지… 미조를 본다. 미조, 그냥 웃고 만다.
주희, 오래된 볼을 꺼내 들고.

주희	이거는 너무 낡았는데?
찬영	그런 건 버리자. 우리 엄마 절대 못 버려. 여기서 끝내야 돼.
주희	엄마들은 다 똑같아. 우리 엄마도 그래. (하다가) 엄마야!!!!!

주희 너무 놀란다. 모두 보면, 현준이 주방 입구에 떡하니 서 있다.

선우	현준아⋯.
주희	나 헛것 본 거 아니지?
현준	네. 헛것 아니구요. 박현준 맞구요.
미조	어떻게 왔어요?
현준	운전해서 왔구요. 서운해서 짜장면을 만들 수가 없어서 왔습니다!
찬영	반가워서 눈물 난다. 웰컴!!
주희	여기 어떻게 알았지? 내가 주소 줬나?
현준	양평에 정가네일품밥상 여기밖에 없던데!
주희	왜 화를⋯ 오자마자⋯.
현준	아니⋯ 의리가 이렇게 없어 사람들이.
진석	그치⋯.
현준	누나들 일 있을 때마다 내가 장소 제공하고! 이 정도면 크루 아닌가? 난 왜 안 불러?
진석	주희가 잘못했네.
주희	아니 난⋯ 가게 문 닫고 오면 그러니까⋯.
현준	하루 문 닫는다고 큰일 나나? 주방 공사할 거면 주방 전문가 왜 빼?
선우	주희 씨가 진짜 잘못했네⋯.
현준	주희 누나 진짜 그러지 마요. 섭섭해 정말!

주희, 자꾸 입꼬리가 올라간다. 찬영과 미조 둘 다 몰래 웃는다.

현준	찬영 누나. 내가 영양죽 만들어 왔어요. 착하죠?
진석	어머니가 죽⋯.
찬영	주세요 주세요! 현준 씨 아니면 나 굶을 뻔했어.
미조	그럼 우리 뭐 좀 시킬까? 배고프다 먹고 하자.
선우	뭐 먹지?

진석	짜장면.
현준	네???
선우	난 짬뽕.
현준	나 짜장면 짬뽕 만들다 온 거 다 알잖아요….
찬영	여기 탕수육 맛있어.

현준, 뭐냐… 다들 이 분위기가 편하고 좋다.

55.   정가네일품밥상 밖 (밤)

가게 안으로 무리들이 보인다. 웃기도 하고.
눈이 조금씩 내리기 시작한다.

56.   정가네일품밥상 홀 (밤)

다 먹은 음식 정리하는 선우와 진석.
현준이 주희 옆을 계속 따라다닌다.

현준	나 잘 왔죠?
주희	(웃는다)
현준	별로야? 가 그냥?
주희	일해… 온 김에.

미조와 찬영이 주희와 현준을 본다. 흐뭇하다.

주희   눈 온다!!

모두 창가에 서서 눈을 본다. 기분이 묘한….

/모두 함께 난로 곁에 앉아 차를 마신다.

주희   어? 이거 노래방 기계 돼?
찬영   될걸?
미조   주희 한 곡 해! 치명적인 걸루!
찬영   (소근) 야. 다 된 밥에 음치를 뿌려….
주희   무슨 노래야….

그러면서 마이크 켜고 쎄. 쎄쎄.

현준   해봐요! 듣고 싶은데?

/역시나 못하는 주희.
현준, 당황한다. 찬영, 미조에게 이거 봐… 타박의 눈빛.
선우와 진석은 웃음을 꾹… 참는다. 주희 노래 마친다.
현준, 격렬하게 박수를 보낸다. 주희, 얼결에 하트 보낸다.
그래놓고 당황하는 현준과 주희. 주희, 서둘러 자리로 온다.

찬영   차미조! 오늘은 완곡해!
주희   그래 너 18번 있잖아.
선우   아~ '낭만에 대하여' 맞죠?
찬영   이제 둘이 살아요 그냥. 18번도 알면 다 아는 거잖아.

미조   맨정신에 부르면 음 이탈해. 안 해.
주희   괜찮아~ 나도 잘 불렀잖아.

       모두 뭐라고?? 주희는 아랑곳하지 않는다.
       찬영이 번호를 누른다. 시작되는 전주.
       미조, 참 나… 할 수 없이 나가서 마이크를 잡는다.
       선우, 이런 건 또 처음이라 눈이 동글동글.

미조   궂은 비 내리는 날
       그야말로 옛날식 다방에 앉아
       도라지 위스키 한 잔에다
       짙은 색소폰 소릴 들어보렴
선우   오~!!!!
진석   좀 한다 우리 미조!
미조   밤늦은 항구에서
       그야말로 연락선 선창가에서

       미조도 노래에 취해 진심으로 부른다. 잘하진 못할 수도.
       현준도 박수 치며 호응하고. 찬영과 주희도 기분 좋게 바라본다.

미조   돌아올 사람은 없을지라도
       슬픈 뱃고동 소리 들어보렴
       이제 와 새삼 이 나이에

       근데… 미조가 여기서부터 좀 주춤한다.
       찬영과 주희도 이쯤에서 주춤….

미조   청춘의 미련이야 있겠냐마는
        왠지 한 곳이 비어 있는 내 가슴이….

        그다음 가사를 하려다 문득 멈추는 미조.
        찬영과 주희도 같은 서글픔. 더 박수로 호응하지 못하는 찬영과 주희.
        선우와 진석, 현준도 다음을 알 거 같다. 반주만 흐르는 정가네밥상.
        미조, 당혹스럽고, 갑작스러운 슬픔에 입술만 달짝…달짝….
        진석은 눈시울이 젖는다. 선우도 뻐근하다.
        현준, 아… 처음으로 경험하는 슬픔.
        미조, 창밖의 눈만 바라본다.
        주희도 미조의 시선을 따라 창밖의 눈을 바라본다.
        찬영은 피하지 않는다. 미조를 계속 바라본다.
        미조, 이윽고… 고개를 돌려 찬영을 본다.

미조(N)   (차분한 시를 읽듯) 잃어버린 것에 대하여…. 잃어버릴, 너에 대하여.

        찬영, 괜찮아… 슬픈 미소.

찬영(N)   다시 못 올 것에 대하여… 우리들의 시간에… 대하여.

        미조, 같이 슬픈 미소로 찬영을 본다. 주희를 본다.
        세 친구의 주고받는 애틋한 미소. 미소. 미소….
        창밖으로 흰 눈이 내린다.

        엔딩.

제12화

삼성동, 효창동 그리고 고척동

/세영고등학교 교문. 고등학교 2학년 미조. 자신의 학교 교복을 입고 있다. 교문에서 나오는 학생들은 다른 교복을 입고 있다.
미조, 누군가를 찾는다.
교복을 입은 찬영이 친구 두엇과 나온다. 미조, 찬영을 찾았다.
찬영 앞으로 가서는 미조. 찬영, 놀란다.

찬영   어?
미조   (만 원 내밀며) 이걸 잊었더라고.
찬영   (얼른 받으며) 잘됐다, 노래방비 없었는데.

찬영, 친구들에게 만 원을 흔들어 보인다.

미조   나랑 갈 데가 있어.
찬영   또?
미조   (친구들에게) 죄송해요, 애 좀 데려갈게요.
찬영   나 스케줄 있어~!!

미조, 대답 없이 앞서 걸어간다.
찬영, 투덜거리면서도 친구들과 인사하고 미조를 따라간다.
실로암분식 안.

미조와 찬영이 떡볶이를 먹고 있다. 주희 모가 쿨피스를 내준다.

주희 모   교복 입으니까 더 이쁘네. 둘이 다른 학교구나?
미조   네….
주희 모   오늘은 어쩐 일이야?
미조   떡볶이 먹으러 왔는데요….
찬영   니네 동넨 없냐? (쌍…)
주희 모   뭐 좀 더 줄까?
찬영   만두/
미조   배불러요.

찬영, 뭐야 이거… 어이없다. 이때, 주희가 교복을 입고 들어온다.
미조와 찬영을 보더니 놀란다. 얼결에 목례….

찬영   (조용히 투덜) 동갑이라고 몇 번을 말해….

미조, 주희를 차분하게 바라본다.

/골목. 마치 주희를 삥 뜯는 것처럼, 미조와 찬영이 대차게 서 있다.

찬영   우리 노래방 갈 건데.
주희   근데 왜….
미조   너도 같이 가자.
주희   나 노래 못하는데.
미조   나도 못 해.
찬영   노래방을 노래 자랑하러 가냐? 놀러 가지.

주희	나 학원… 가야 되는데….
미조	나도 과외 째고 왔어.
찬영	삼성동 과외 짼 거면 용기 낸 거야.
주희	내가 왜 너네들이랑… 그렇잖아 좀….
미조	우리 싫어?
찬영	넌 뭐 그렇게 저돌적으로 물어 애 겁먹게?
미조	나는 너 좋은데.
찬영	간지럽게 뭐 하는 거야. 야 빨랑 가, 가. 노래방 할인 타임 끝난다고!
미조	학원 갈 거야?

주희, 대답을 못 하고 있다. 미조, 흠… 그냥 돌아서 간다.
찬영은 주희 한 번 보고, 가는 미조 보고. 에이… 미조 따라간다.

| 주희 | 나 단골집 있어! 거기 가…. |

돌아보는 미조와 찬영, 웃는다.
세 아이 함께 나란히 걸어가는 뒷모습. 교복이 다 다르다.

주희(E)	너네는 어디 살아?
미조(E)	삼성동.
찬영(E)	효창동.
주희(E)	근데 고척동까지 노래방을 와?
미조(E)	떡볶이 먹으러 온 김에.
찬영(E)	야, 단골집이면 시간 많이 넣어주냐?
주희(E)	응. 사장님이랑 좀 친해.
찬영(E)	졸라 다녔구만.

벌써 친해 보이는 세 아이의 뒷모습 멀어진다.

부제 '삼성동, 효창동 그리고 고척동'

구급차 사이렌 소리가 요란하게 선행된다.

2.　　병원 응급실 앞 (밤)

극심한 고통 속에 찬영이 실려 들어간다.
혼비백산 찬영 모와 찬영 부 함께 달린다.

미조(N)　시간은 야속하다. 기어코 흘러갔다. 겨울의 한가운데까지… 흘러갔다.

3.　　병원 로비 (밤)

평상복 차림의 미조가 달려 들어온다.
넋이 나간 얼굴로 응급실을 찾는 미조의 초조하고 슬픈 눈동자.

4.　　병원 밖 (밤)

주희가 택시에서 내려 달려간다. 아무것도 생각나지 않는다. 오로지 찬영이.

미조(N) 찬영이를 잡아둘 수 없다는 걸 매일매일 체감하는 겨울의 한가운데.

5. 병원 응급실 밖 (밤)

찬영의 부모. 앉지도 못하고 전전긍긍 하얗게 질린 얼굴이다.
진석은 나무처럼 서서 미동도 없다. 하지만 얼굴엔 걱정과 두려움이 있다.
주희는 찬영 모를 의자에 앉히려고 달래고 있다.

미조(N) 의연하기는 어려운 시간이 오고야 말았다.

미조, 벽에 기대서서 바닥만 바라보고 있다.

6. 병실 안 (낮)

1인실 병실.
잠이 든 찬영. 서서히 눈을 뜬다. 한 명 한 명 보이는 소중한 사람들.
부모님과 진석과… 주희와… 미조.
희미하게 웃는 찬영.

찬영 안녕….

별일 아니라는 듯 모두 은은하게 웃으며 찬영을 본다.

7.   병원 진료실 안 (낮)

미조와 선배가 찬영이 이야기를 하고 있다.

선배 의사   준비해야 되지 않겠어?
미조   …. 그런 상태야?
선배 의사   …. 이젠 자주… 이럴 거 같은데…? 병원에 있어야 되지 않을까?
미조   …. 상의할게.

미조, 아무것도 할 수가 없어 무력해지는 거 같다.
깊은 한숨을 내쉬며 고개를 숙이고 있다.

찬영(E)   나 바람 좀 쐬자. 답답해….

8.   병원 정원 (낮)

수액 폴대를 밀며 걷고 있는 찬영. 미조와 주희가 속도를 맞춰 걷고 있다.

찬영   미조야.
미조   (찬영 곁으로 더 가까이)
찬영   나 퇴원시켜줘.
미조   이틀 있었어. 며칠만 더 있자.
주희   심심해서 그렇지? 우리가 매일 올게.
찬영   편한 데서 보자. 나 여기 힘들어.
미조   시설 좀 편안한 데 찾아보자 그럼.

찬영	호스피스 가자고? 그건 더 싫어. 집에 가게 해줘 봐. 엄마랑 아빠랑 집에 있고 싶어.
주희	너 또….
찬영	또 아프면, 또 올게.
미조	…. 알아볼게. 집에서 치료받을 수 있는 방법을 찾자.

무심코 걷다 보니, 저 앞에 장례식 이정표와 건물이 보인다.
세 사람의 시선이 약속이나 한 듯 그곳을 본다.
또 약속이나 한 듯 못 본 척 방향을 바꿔 걸어간다.
찬영은 한 번 더 그곳을 본다.

9.   병실 안 (밤)

보호자 간이침대에서 잠이 든 찬영 모. 찬영의 눈에 잠이 하나도 없다.
시계 초침 소리만 들린다. 지루하고 답답한 찬영.
조용히 일어난다. 엄마가 깬다.

찬영 모	왜… 뭐 줄까?
찬영	나 로비에서 좀 걷다 올게. 너무 누워 있어서 허리 아프다.
찬영 모	같이 가…. (일어나는데)
찬영	요 앞에 있을 거야. 금방 와.

찬영 모, 찬영이 혼자 있고 싶어 하는 거 같다. 따라나서지 않는다.

10.　장례식장 앞 (밤)

환자복 위에 패딩을 두른 찬영이 링거 폴대를 옆에 두고 고집스럽게 서
있다. 장례식장 입구를 싸우듯 뚫어져라 바라보는 찬영.

11.　장례식장 안 (밤)

여러 개의 조문실이 보인다. 모니터엔 고인과 가족들의 이름들이 안내
되고.
늦은 시간이지만 조문 온 사람들이 호수를 찾느라 두리번거리기도 하고.
환자복을 입은 찬영이 동떨어져 보인다.
찬영, 뚜벅뚜벅 복도 안으로 들어간다.

조문실에 보이는 어떤 이들의 영정 사진과 국화들.
상주들의 무덤덤한 얼굴들. 소주 한잔하는 조문객 몇몇….
찬영은 이 모든 것을 꿋꿋하게 눈에 담는다.

안내남　저기….
찬영　(문득 정신이 들며) 아… 길을 잘못 들었어요.

찬영, 황급히 장례식장을 나선다.

한적한 곳. 미조와 찬영이 의자에 앉아 이야기한다.

찬영   김진석 말 더럽게 안 듣는다 정말. 아직도 혼인신고 타령이야.
미조   안 그래도 너랑 얘기 좀 해보라고 아침저녁으로 전화를 해대신다.
찬영   받지 마 그냥.
미조   오빠가 걱정돼서 그런 거야? 아니면… 부담돼?
찬영   내 사랑이 빛이 바래잖아.

미조, 찬영의 말에 심장이 툭…. 떨어지는 거 같다.
한동안 말이 없는 두 친구.

미조   그래. 불륜녀 소리 들으면서도 지킨 사랑. 법적 관계가 뭐가 중요해.
찬영   (미조를 보며 씩…) 진석이도 너처럼 찰떡으로 알아들으면 얼마나 좋냐.

찬영, 환자복 주머니에서 접은 종이 한 장을 꺼내준다.
미조, 뭐야… 펴본다. 20여 명의 사람들 이름과 전화번호가 적혀 있다.

미조   무슨 리스트야?
찬영   내 부고 리스트.

미조, 의연해야 하는데 멈칫한다. 어떤 리액션을 해야 할지… 명단만 바
라본다.

찬영   나 며칠 전에 장례식장에 가본 거야.

미조	(욱…) 뭐 하러!
찬영	어쩌다 보니까…. 병실에 있으면 시간이 안 가. 생각이 많아져.
미조	답답하지…?
찬영	조금. 생각을 해봤어. 내 장례식은 어떨까? 연락처에 있는 모든 사람한테 내 소식을 전하고 싶진 않더라.

미조, 더 깊은 눈으로 명단을 본다.

미조	찬영아.
찬영	(본다)
미조	(리스트만 보며) 난 요즘… 니 생각을 많이 해. 찬영이는 요즘 어떨까? 이런 생각 저런 생각 해보는데. 니 마음에… 닿지도 못하는 거 같아.
찬영	무슨 말이야?
미조	넌 이 명단을 적으면서… 기분이 어땠을까? 가늠도 안 돼.

찬영을 돌아보는 미조. 희미하게 미소 짓는데 눈에는 눈물이 차오른다.
하지만 울지 않는다.

찬영	나도 니 생각 많이 해. 제일 많이 해.

미조, 정말…?

찬영	엄마, 아빠, 진석 오빠… 주희… 다 생각을 하는데. 니 생각을 하면. 음…. 든든하면서도 불안해. 든든해서 이런 부고 리스트도 떠넘기는데. 괜찮을까… 걱정돼.
미조	뭐가…?

찬영	나 없는 너. 괜찮을까….

미조, 꾹 참았는데 눈물이 툭 떨어진다. 부고 리스트에 떨어진 미조의
눈물.

미조	있잖아.
찬영	…?
미조	나는. 내가 너를. 이렇게… 친애하는 줄 몰랐어.
찬영	(슬프게 방긋 웃는다) 친애하는 정찬영 님, 그런 거야? 선 긋는 느낌인데?
미조	(먼 곳을 보며) 친밀하고. 소중하다고.

찬영, 미조의 툭 던지는 말이 따뜻하고 아프다. 찬영의 눈에도 눈물이
고인다.

찬영	좋은 말이다. 친애.

찬영, 미조의 팔짱을 끼고 고개를 기댄다. 두 친구가 조용히 먼 곳을 바
라보고 있다.

13. 차 교수 집 거실 (밤)

선우와 미현이 소파에 나란히 앉아 전투적으로 게임 중이다.
TV에 연결된 다소 과격한 게임에 빠져들고 있다.
주방에서 나오는 미조 모.

미조 모	그냥 내가 한다니까.
미현	어~! 노노노! 진 사람이 하는 거야.
미조 모	아니, 그거 얼마나 된다고. 아빠가 해도 되는데.
차 교수	내가 할까?
선우	(초집중) 아니요!! 차 실장님이 할 거니까 편하게 계세요 아버님!
미현	엄마 묵은 설거지 다 꺼내놓으셔. 김 샘이 다 할 거야!

매우 집중 중인 선우와 미현. 미조 모, 안방이 신경 쓰인다.

| 미조 모 | 미조는 저녁도 안 먹고 계속 자네…. |
| 차 교수 | 깨워야 되는 거 아니야? |

선우와 미현 동시에 게임을 멈추고 차 교수를 본다.

미현	미조 좀 자야 돼 아빠.
선우	요즘 잠을 통 못 자는 거 같거든요.
차 교수	일이 많나?
미현	그런 건 아닌데… 좀 그렇지 뭐.
선우	찬영 씨 병원에 있어서 불안한가 봐요.

미조 모, 안쓰럽게 안방을 본다. 게임은 둘 다 망한 각이다.

14.   차 교수 집 안방 (밤)

은은한 스탠드 조명. 미조가 외출복 차림으로 웅크리고 깊은 잠에 빠져 있다. 부모님 베개를 품에 안고 아이처럼 웅크리고 자는 미조.
모처럼 깊은 잠을 자는 거 같다.

15.   선우 자동차 안 (밤)

미조를 태우고 운전 중인 선우. 미조, 개운한 얼굴이다.

선우   배는 안 고파?
미조   응.
선우   점심도 많이 안 먹었잖아.
미조   오후에 빵 먹었어.
선우   푹 잤지?
미조   응. 너무 많이 잤어. 잠 안 오겠다.
선우   나랑 놀면 되지.

미조, 웃고는 창밖을 바라본다.
선우, 그런 미조를 본다.

선우   903호로 모실까요 선생님?

미조, 자신의 마음을 섬세하게 살피는 선우를 본다. 고마운 미소.

903 병실 번호.
유리 너머로 보이는 찬영의 공간은 커튼으로 막혀 있다.

미조와 찬영, 보호자 베드에 딱 붙어 앉아 유튜브를 보고 있다.
무선 이어폰을 한쪽씩 끼고 재밌는 걸 보는 거 같다.
환자 베드엔 주희가 마치 집인 듯 편하게 잠들어 있다.
무엇을 보고 있는지 둘 다 같이 풉… 터지고.
둘 다 같이 헐… 보다가 또 풉…. 뭔가 재밌어 보인다.
주희, 낮게 코 고는 소리가 나기 시작한다.
미조와 찬영, 무슨 소리야… 마주 본다. 주희의 코 고는 소리.
찬영, 주희를 놀려주려고 일어난다.

미조   콧구멍에 머리카락 넣고 그러지 마. 더 시끄러워져.

찬영, 쉬… 조용히 하라고 하고는 주희의 귀에 나지막이.

찬영   주희야. 주희야.

주희, 깨는 듯한데 잠에서 빠져나오지 못한다.

찬영   현준 씨 왔어.

주희, 말이 끝나기 무섭게 벌떡 일어나며 동시에 조신하게 입가 침을
닦으며.

주희   (정신 못 차리고 얼결에) 식사했어요?

미조와 찬영, 풉~!!!! 둘이 서로 붙잡고 웃느라 정신없다.

찬영   식사가 왜 나와… 크크크크….
미조   목소리 완전 멀쩡, 대박이다. 진짜!

잠이 깨고 정신이 드는 주희. 상황 파악한다.

주희   몇 살 때 철들 거야. 재밌어 이게?
미조   철들면 늙은 거야.
찬영   철들면 절교야 장주희.

잠시 긴장을 잊고 웃기고 재밌는 세 친구.
갑자기 커튼이 드르륵 열린다. 순간 멈칫하고 쪼는 세 친구.
보면, 진석이 아이고 이 사람들아…. 보고 있다.

찬영   아 쫄렸잖아.
미조   노크를 해야지.
진석   노크 소리 들리기나 하고?

주희, 주춤 침대에서 내려온다.

주희   오빠 식사는 했어요?

그 말에 또 품…!!!! 터지는 미조와 찬영. 진석은 뭐가 이렇게 웃기지?
기막혀하며 숨넘어가는 미조와 찬영을 본다.

18.   찬영 집 거실 (낮)

퇴원하고 들어오는 찬영. 찬영 부모와 진석이 함께 있다.

찬영   아 집이다…!!
찬영 부 아빠가 보일러 팍팍 돌려놨는데, 어때, 따뜻하지?
진석   찜질방인데요. 거의?
찬영 모 여보, 환기 좀 시킵시다.

찬영, 소파로 가 앉는다. 진석이 졸졸졸 따라가 찬영의 발을 주물러준다.

진석   따뜻한 물 좀 줄까?
찬영   아니. 아이스 아메 되나?
진석   (계속 발을 주물러주며) 다시 병원 갈래?
찬영   참아보도록 하지. 흐흐….
진석   니가 아이스 아메 말하니까 땡기잖아….
찬영   참아! 의리 없게.
진석   냉수나 마셔야겠다.

찬영 모가 주방에서 정리하면서 이 두 사람의 모습을 본다.

보기 좋은데, 그래서 속상한 찬영 모의 얼굴.

19. 제이피부과 원장실 (낮)

미조, 전화를 받고 있다. 기분 좋은 얼굴.

미조   집이야? 드디어 병원 탈출이네? 기다려 갈게! 주희한테 내가 전화할게.
        응. 응~!

미조, 찬영이 목소리만 들어도 기분이 좋아진다.
선우가 지나가다가.

선우   혼자 뭐 신나는 일 있습니까, 원장님?
미조   찬영이 퇴원했대. 나 퇴근한다~!
선우   나도 데려가!
미조   (신나게 가운 벗으며) 김 샘은 진료 보셔야죠?
선우   또, 또 원장님 모드야. 나도 따라갈래.
미조   내일 봐~!

미조, 핸드백 들고 싱긋.

20. 찬영 집 앞 (밤)

진석이 나선다. 찬영 모 따라 나온다.

찬영 모	저기.
진석	네 어머니.
찬영 모	나랑 아빠는… 양평으로 가 있을까 해서.
진석	아… 가게 무슨 일 있어요?
찬영 모	그런 건 아니구요. (망설이다가) 진석 씨가 찬영이랑 같이 있어줬으면 해서.

진석, 찬영 모의 말에 한없이 고맙다.

진석	…감사합니다.
찬영 모	내가 고맙지. 우리도 일주일에 하루 올라오고.
진석	….
찬영 모	아무래도 찬영이가… 진석 씨랑 둘이 있는 게 편한 거 같아서.
진석	면목이 없어요. 찬영이가… 혼인신고는 절대 안 된다고….
찬영 모	무슨 상관이야. 면목이 왜 없어. 둘이 이렇게 좋은데….

진석, 찬영 모의 배려가 너무나 고맙다.

21. 찬영 집 거실 (밤)

찬영은 모처럼 밝은 얼굴이다.
주희가 미조 손가락 잡고 큐티클 제거 중이다.
미조, 눈을 질끈 감고 떨고 있다.

주희	가만히 좀 있어. 손가락 힘 빼야지 내가 뭘 하지!

미조	(버럭) 한 개만 한다며!!
주희	공짜로 관리받으면서 소리 지르고 지랄이야!
미조	너 자격증 딴 거 맞아?
주희	자격증 봐놓고 뭔 소리야? (손가락 확 당긴다)
미조	아!!!
찬영	가만있어. 살점 나간다?
미조	미치겠네 진짜….
주희	고객님은 원래 미친년이세요~!

찬영, 빵 터져서 소파에 벌러덩 눕는다.
찬영 모와 찬영 부가 아이고 저 철없는 애들… 기가 차서 웃는다.
다시 일상이 또 지나간다.

미조(N)	어떤 날은 맑음이고.

22. 병원 응급실 앞 (밤)

진석이 혼자 쭈그리고 앉아 손톱을 물어뜯고 있다.
다 큰 어른 남자의 두 눈에 매달린 눈물방울.
미조가 다가와 진석의 어깨를 잡는다.
진석, 슬픈 눈으로 미조를 보며 일어난다.
나약해진 진석이 미조를 안는다. 미조, 진석의 등을 토닥인다.

진석	오늘은 이상해… 찬영이가 이상해….
미조	아니야. 찬영이 아직 안 가. 그럴 리 없어.

미조(N)   어떤 날은 매우 흐렸다. 그런 날이 오락가락… 지나가고 있었다.

23.   정가네일품밥상 작은 방 (낮)

찬영 모와 찬영 부 황토가 발라져 있는 방에 나란히 누워 있다.

찬영 모   전기보일러도 따끈따끈하다.
찬영 부   집보다 아늑해.
찬영 모   딸내미가 만들어줘서 그런가… 기운이 난다.

24.   제이피부과 원장실 안 (밤)

부고 리스트 보며 고민이 많은 미조.

25.   회상 — 병원 일각 (낮)

벤치에 앉아 있는 미조와 찬영. 미조의 손에 부고 리스트.

미조   무슨 기준으로 만든 거야?
찬영   밥 한번 먹자고 연락 오면… 나가서 같이 밥 한번 먹고 싶은 사람.

미조, 찬영다운 기준에 옅게 웃는다.

주방 식탁에 마주 앉은 미조와 주희.
미조는 가위로 부고 리스트를 반으로 자른다.
명단이 얼추 반반 나눠졌다. 양쪽으로 딱 놓는 미조.

주희   이거 뭐냐고.
미조   니가 좌 하면, 난 우 하고. 니가 우 하면 내가 좌 할게. 먼저 픽하시오.
       친구.
주희   뭔지 알아야 픽하지. 떼인 돈 받아야 되는 사람들이니?
미조   찬영이가 줬어. 부고 리스트래.

주희, 와… 정말 정찬영… 할 말이 없다.

주희   이걸 왜 벌써 나눠. 나중에 뭐… 그때.
미조   나중에 말고, 지금 하자.

오케이? 곱게 미소 짓는 미조. 주희, 무슨 뜻이지 갸웃한다.

소파에 나란히 앉아 TV를 보는 찬영과 진석.

찬영   오빠 나 좀 춥다….
진석   (벌떡 일어나며) 잠깐만.

진석, 방에서 담요를 가지고 나와 찬영에게 돌돌 감싸준다.

찬영을 품에 안고 다시 텔레비전을 보는 진석. 그러나 눈은 다른 생각.

찬영　　오빠.

진석　　응….

찬영　　내가. 혼인신고 안 한다고 해서… 서운해…?

진석　　응.

찬영　　바로 그렇게 대답하면 난 뭐가 되냐….

진석　　서운한데. 괜찮아. 지금 같이 있잖아.

찬영　　내일 엄마한테 갈까? 양평 가고 싶다.

진석, 잠시 주춤.

진석　　좋지. 점심 먹고 가자.

찬영　　(진석 보며) 밥집 하는 엄마 집에 밥 먹고 가자고?

진석　　(동공 지진) 나 브런치 먹고 싶어서.

찬영, 이상한데… 빤히 보다가.

찬영　　그래. 한식 질리지.

진석　　아니야!!!

찬영　　죽도 한식이잖아. 좋아, 서양 죽 먹어보자! 스프 나오겠지?

별일 아닌 듯 다시 진석에게 기대어 TV 보는 찬영.

진석, 뭔가 고비를 넘긴 듯 살짝 안도한다.

테이블에 행사를 준비한 리스트와 꽃 디자인 사진 몇 장, 꽃집 영수증.
음악 CD 몇 개, 메뉴 몇 개 있는데 두어 개 줄을 그어놓고, 등등.
미조, 머리는 헝클어져서 두 눈이 바쁘다. 주희와 통화 중이다.
선우, 따뜻한 차 두 잔을 가지고 와 미조 곁에 앉는다.

미조   (꽃 사진 두 장 들고) 우리가 픽한 게 파스텔 톤이었지?

주희(F) 파스텔 톤도 두 가지였는데?

미조   장미 많이 들어간 거 그거. 그치? 응. 응. 그래그래. 얼른 자. 내일 늦지
        말구. 어~!

선우   그럴 줄 알고 로즈마리 차 준비했지~!

미조   나 커피믹스 땡기는데.

선우, 동공 흔들린다. 어? 이렇게 준비했는데?
미조, 장난친 거다. 웃는다. 선우도 웃는다.
선우, 미조의 어깨를 조물조물해보는데 엄청 뭉쳐 있나 보다.

선우   너무 뭉쳤는데? (두 손으로 본격적으로 주물러주며) 안 아퍼? 이럼 두
        통 생겨! 어우 이거 봐… 어우.

미조, 아… 시원하다. 절로 눈이 감긴다.

미조   좀 세게 눌러야지… 거기 옆에. 어. (하다가) 아!!!!

선우, 두 손을 허공에 두고 얼음. 미조, 이씨… 돌아본다.

미조	그건 세게 하는 게 아니라 꼬집는 거잖아.
선우	(깨갱…) 아 그래…? 안마 의자 하나 살까? 그거 엄청 시원하대!!
미조	자리 많이 차지해. 여기 어디 뒤 그걸.
선우	아니 난 너 너무 피곤하니까 하나 선물해줄라구 했/
미조	창가에 놓자! 소파 좀 밀면 딱 들어가겠다.

선우, 헐…. 미조, 니가 사는 거양~! 싱긋.

29.   레스토랑 전경 (낮)

넓은 정원이 있는 레스토랑. 커다란 크리스마스트리가 반짝인다.
귀여운 눈사람 인형 같은 것도 보인다.
진석과 함께 들어서는 찬영이 정원을 보며 좋아한다.
진석의 팔짱을 끼고 레스토랑으로 들어가는 찬영.

30.   레스토랑 안 (낮)

직원의 안내를 받으며 예약된 자리에 앉는 찬영과 진석.
테이블마다 삼삼오오 브런치를 먹고 있다.
찬영, 진석을 보고 씩 웃는다. 메뉴판을 본다. 뭐 먹지….
무심코 건너편 테이블을 보는데 얼핏 보다가 깜짝 놀라는 찬영.

찬영	기영아!

기영이라는 여자 친구가 어머! 반갑게 웃는다.
찬영, 일어나 친구 자리로 가 인사한다.

찬영   여기서 만나냐…. 와 나 소름 돋아.
기영   이게 얼마만이야~! 보고 싶었어 찬영아!
찬영   내 말이…. 아니 너 대방동 살지 않…. 어!!

같은 테이블에 또 반가운 여자 친구. 그제야 활짝 웃으며 일어나 찬영
을 허그하는 친구.

찬영   너네 약속 있었던 거야? 여기 와서 너네를 다 보고. 와 진짜… 너 아직 극
       단에 있니?
친구   아니. 나 요즘 육아 중이야.
찬영   딸 많이 컸지? 네 살?
친구   여섯 살.
찬영   벌써~?

하다가, 뭔가 이상한 찬영. 테이블마다 차근차근 보게 된다.
맙소사… 모두 아는, 보고 싶었던 사람들.
그들 모두 찬영과 눈을 맞추며 미소 짓고 누군가는 눈가가 떨리고.
누군가는 다가와 찬영을 꼭 안아준다. 모든 테이블의 사람들이 하나둘
일어나 찬영을 바라보고. 다가오고.
한쪽으로는 찬영의 부모와 차 교수, 미조 모, 주희 모가 합석해 있다.
찬영, 얼른 다가가 어른들에게 인사하는데 말을 잇지 못하고.
미조 모가 찬영을 꼭 안고 다독인다.
찬영 모와 찬영 부 찬영이 행복하길 바라며, 오늘은 미소로 딸을 바라

본다.

찬영, 너무나 놀라고 감격스럽고. 이게 어떻게 된 상황인지 감이 온다.

눈물이 그렁해서 두리번거리면.

저만치 미조와 주희가 감동이지? 싱긋 웃는다.

찬영, 세상에…. 진석을 본다. 진석, 어깨를 으쓱.

미조와 주희 뒤로 선우와 현준이 소심하게 손을 흔든다.

찬영, 미조와 눈이 마주친다. 한참 동안 미조를 바라보는 찬영.

보고 싶었던 사람들 사이사이로 미조의 따뜻한 두 눈을 바라보는 찬영.

차분한 음악…. 모두 자리에 앉아 있다.

어색하게 선 찬영. 마이크를 들고 어떻게 인사를 해야 할지 입술이 마른다.

모두 조용히 애틋한 눈으로 찬영을 보고 있다.

맨 뒤에 서서 바라보고 있는 미조 그리고 주희.

찬영   참… 어떻게 뭐라고 인사를 해야 하는지… 큰일 났어요.

지인들을 잠시 바라보는 찬영.

찬영   제 상황을 다 알고 오신 거 같은데. 그죠?

모두 조용히 각자의 표정으로 바라본다.

찬영   제가 친구한테, 여러분 명단을 줬거든요. 나중에 제가. (잠시 주춤)
         우리가 헤어지게 되면. 그때… 인사 좀 전해달라구.

미조, 찬영을 바라보지 못하고 조금 고개를 숙이고 있다.

찬영(E)   친구들이 그 명단을 브런치 리스트로 바꿔줬네요.

찬영, 미조와 주희를 본다. 주희가 고개 숙인 미조의 팔짱을 낀다.
미조, 찬영을 본다. 찬영의 고마운 눈. 미조, 미소로 답한다.

찬영   미리 말해줬으면 썩 괜찮은 인사말을 할 수 있었을 텐데. 아닌가?
(웃는다) 미리 알았어도 썩 괜찮은 인사말은 못 찾았을 거 같다.

찬영, 벅찬 마음과 슬픈 마음을 가누며 차분하게 이어간다.
드레스에 코트를 걸치고 차 교수 옆에 살포시 앉은 미현.
차 교수, 이런… 의자를 조금 떨어지게 이동하자, 미현도 같이 달라붙
는다.

찬영   제일 먼저 생각나는 말은. 건강검진 꼭꼭 받으시라는 거.

별일 아닌 듯 웃으며 농담을 전하는 찬영.
어떤 이들은 얼핏 웃는다. 찬영 부모의 얼굴은 견뎌내는 거 같다.
주희 모, 무슨 말을 하든 다 애가 타는 눈.
미조와 주희 나란히 서서 찬영을 응원하는 눈으로 바라보고 있다.

찬영   무슨 말을 해야 될지 정말 모르겠다…. (흠… 호흡을 정리하고)
꼭 하고 싶은 말은. (엄마 아빠를 본다) 충분하다는 말씀을 드리고 싶어
요. 어쩌면 남들보다 반 정도밖에 살지 못하고 가겠지만. 아까워하지 마
세요. 양보다 질이라고. 전… 충분해요.

진석이 자리에 앉아 찬영을 보고 있다. 어금니에 힘이 들어간 거 같다. 울지 않을 거니까.

찬영   부모님 사랑도, (진석을 본다) 사랑하는 사람의 보살핌도. 친구들….

미조, 괜찮아… 담담하게 찬영을 본다. 주희는 눈물이 내려는 걸 참느라 애쓴다.

찬영   친구들 사랑도. 충분한 삶이었어요. 지금도 그렇구요. 여러분들 덕분에. 더할 나위 없는… 나의 인생이었어요. 고맙습니다. 진심으로… 고맙습니다.

찬영도 울지 않는다. 가장 아름다운 미소로 사랑하는 이들을 한 명 한 명 눈에 담는다.

누군가   찬영아 눈이 와!

모두 창밖을 바라본다. 하얀 눈이 탐스럽게 내린다.
미조도 창밖을 본다. 조용히 선우가 미조의 손을 잡아 살짝 흔든다.
웃었으면 좋겠다는 선우의 미소. 미조, 작게 손을 흔들며 웃는다.
주희와 현준도 어색하게 나란히 서서 함박눈을 바라본다. 잠시 눈이 마주치고, 싱긋…
진석이 찬영을 백허그하고 내리는 눈을 본다. 고요하고 아름다운 시간.

미조(N)   우리는 아무도 울지 않았다.
약속을 한 적은 없지만 모두 미소를 잃지 않았다.

이보다 더 아름다울 수 없는, 찬영의 브런치 날이다.

찬영 집 거실 (낮)

창가에 봄꽃이 핀 화분이 보인다.
찬영이 서서 꽃을 보고 있다. 진석이 다가온다.

찬영   꽃이 피었어.
진석   봄이다.

찬영이 어깨를 안아주는 진석.

미조(N)   찬영이는 다음 해 봄을 맞이해주었다.

32.   부동산 안 (낮)

주희와 주희 모가 가게를 알아보고 있다.

미조(N)   우리는 모두 하루하루 일상을 살아갔다.

33.   제이피부과 원장실 (낮)

일상을 살며 열심히 진료하는 미조.

핸드폰을 수시로 본다.

미조(N)   문득 울리는 핸드폰 벨 소리에 매번 긴장하며 봄을 버텨냈다.

34.   미조 집 침실 (밤)

환하게 불을 켜고 살포시 잠이 든 미조.

미조(N)   어느 날부터일까. 나는 불을 끄고 잠들지 못했다.
          깊이 잠이 들어 중요한 무언가를 놓칠까 봐 두려웠다.

          문자 들어오는 작은 소리. 그 소리에 번쩍 눈을 뜨는 미조.
          핸드폰 보면 찬영의 문자다. '자?'
          미조, 전화를 건다.

미조   잠이 안 와? 나두 그래.
찬영(F)   우리 엄마 아빠 생일날 양평에 가줘.

          미조, 입술이 파르르…. 그러나 침착한 목소리.

미조   선물은 뭐 할까?
찬영(F)   비싼 거.
미조   (피식) 얼마가 비싼 거냐.

          쭈그리고 앉아 통화를 이어가는 미조.

진료 중인데 문자가 들어온다. 찬영이라고 뜬다.

미조   처방전 드릴게요. 연고 하루 두 번은 꼭 바르셔야 돼요.
환자   네. 감사합니다….
미조   안녕히 가세요~!

미조, 환자가 나가자 부리나케 문자를 열어본다.

문자/ 엄마 아빠 건강검진 시켜줘. 나 받았던 거 그거. 젤 좋은 거.

뭐라고 답장을 하는 미조.
새로운 포스트잇에 적는다. '부모님 매년 건강검진'
보드에 붙인다. 이미 몇 개의 미션 포스트잇이 붙어 있다.
다음 환자가 들어온다.

미조   (미소) 안녕하세요~.

36.   찬영 집 주방 (아침)

찬영과 함께 죽을 먹는 진석. 찬영은 뚱….

찬영   오빠 먹고 싶은 거 먹으라니까.
진석   먹잖아. 나 죽 좋아해.

찬영   개 뻥.

찬영, 죽을 먹는다. 백김치를 올려주는 진석.

37.   미조 집 거실 (아침)

미조, 핸드백 들고 출근하는데 문자 알림 소리. 찬영이다.

문자/ 일주일에 한 번은 진석이 삼겹살에 소주 먹여줘.

미조   일주일??

미조, 문자를 적는다.

미조 문자/ 일주일은 오바야. 엄마도 그렇게 자주 못 보는데.
찬영 문자/ 2주.
미조 문자/ 3주.
찬영 문자/ 하지 마!
미조 문자/ 오케이 2주.

늦었다. 서둘러 출근하는 미조.

미조(N)   이른 아침에도 늦은 밤에도. 찬영이의 연락은 나에게 안도감을 주었다.
그마저 사라질까 봐 마음 졸이던 어느 밤.

38

미조 집 침실 (한밤)

불을 환하게 켜 두고 잠이 든 미조. 시간은 새벽 3시.
손에는 핸드폰을 쥐고 자고 있는 미조.
핸드폰 진동이 울리자 번뜩 눈을 뜨는 미조.
얼른 받으려고 보는데, 순간 두려워하며 핸드폰을 놓친다.
발신인은…. '진석 오빠'
불길함에 입술이 떨리는 미조. 받지 못하고 어쩔 줄 몰라 한다.

주희 집 거실 (한밤)

주희 모 소파에서 잠이 들어 있다. 잠옷 차림의 주희가 달려 나와 주희
모 품에 와락 얼굴을 묻는다. 놀라서 깨는 주희 모.

주희 모   왜 그래. 아파? 꿈꿨어?

말도 못 하고 고개를 묻고 있는 주희의 어깨가 흔들린다.

미조 집 침실 (한밤)

미조, 부산하다. 대충 머리를 묶는다. 아니… 다시 푼다.
외투를 입는다. 다시 벗는다.
옷장에서 검은 정장을 가지고 나온다. 아니다. 아닌 거 같다.
손이 덜덜덜 떨리는 미조. 다시 옷장으로 가 선다.

무슨 옷을 꺼내야 할지 몰라 멍하게 서서 떨고 있는 애처로운 미조.
핸드폰이 울린다. 소스라치게 놀라 돌아보는 미조.

선우(F)   기다려. 데리러 가 지금.

눈물이 하염없이 흘러내린다. 무표정, 손등으로 슥 닦고 다시 머리를 묶
는다. 닦아도, 닦아도 눈물이 흐른다.
머리 묶던 고무줄이 끊어진다. 하 씨….
그대로 주저앉아 엉엉 울기 시작하는 미조.
멈추지 않고 더 거세지는 애도의 눈물, 떨림….

미조(N)   그날. 봄날의 깊은 밤. 찬영이는 우리 곁을 떠났다.

41.   납골당 안 (낮)

함께 찍었던 그날의 스튜디오 찬영 사진. 밝게 웃는 얼굴.
그리고 유골함.

미조(N)   우리는 생각보다 덜 울었고, 생각보다 잘 살아갔으며,
또다시 겨울이 왔다.

42.   차이나타운 앞 (낮)

차이나타운 안에 손님이 많다.

카메라 빠지면, 그 옆에 '온더문네일' 보인다.
유리창 안으로 손님의 손톱을 정성껏 다듬는 주희가 보인다.

미조, 전화하고 있다.

미조   안 돼요 엄마~! 정가네 휴일이라고 일부러 그날 잡았단 말이야. 꼭 오
        셔야 돼. 제가 모시러 갈게요.

미조 책상 한쪽에 붙어 있는 지난해의 포스트잇들.
지금 앞에 떼어둔 포스트잇에는 '부모님 매년 건강검진' 적혀 있다.

찬영 모 통화 중이다. 홀을 비추면 찬영 부 나물을 다듬고 있다.

찬영 모   뭘 데리러 와. 우리가 가면 되지.
미조(F)   아침 일찍 시작하니까 길 얼었을까 봐 그렇죠.
찬영 모   아님 뭐 전날 장사 마치고 찬영이 집으로 가 자던가.
미조(F)   그래도 되겠구나~!

45.   찬영 집 거실 (낮)

진석의 짐들이 익숙하게 섞여 있는 찬영의 집.
진석, 침실에서 허둥지둥 나온다. 출근 복장이다.
바쁘게 현관을 나선다. 다시 현관 열리고 구두 신은 발로 종종종 들어
와 차 키를 가지고 다시 나간다. 삐리릭 문이 잠긴다.

미조(E)   일단 담 주에 갈게요. 그때 다시 작전을 짜자.
찬영 모(E) 담 주? 담 주에 왜.

아무도 없는 고요한 찬영의 집에 왠지 생활감이 돌며 따뜻해 보인다.

46.   미조 자동차 안 (낮)

주희는 조수석에 앉아 케이크 상자를 조심스럽게 안고 있다.
운전하는 미조, 그런 주희를 본다.

미조   뒷좌석에 두라니까….
주희   너 운전 험해서 케이크 망가질지도 몰라.
미조   야, 카레이서는 너거든요!
주희   미역국은 간 맞게 끓였어?
미조   ….
주희   샀지 너!
미조   해봤는데. 먹을 수가 없어. 진짜.
주희   그러게 내가 한다니까.

미조	아빠 생신날은 너에게 양보할게.

주희의 핸드폰이 울린다. 방긋하는 주희.

주희	(코맹맹이) 현준 씨~.
미조	아우···.

인상을 쓰는 미조. 음악을 크게 튼다. 라흐마니노프 피아노협주곡이 꽝 꽝 울리는 차 안.

주희	여보세요!! 아니 미조가 정신이 나가가지구~!! 아니 안 제정신이구!

미조, 미친···. 더 크게 튼다.

47. 정가네일품밥상 안 (낮)

이미 케이크가 있다. 미조와 주희 눈만 깜박··· 깜박···.

주희	낯익은데.
미조	그 케이크 집이지?
찬영 모	케이크가 또 있어?
주희	엄마 이거 누가 가지고 왔어요?
찬영 모	여기 케이크집 사장님이. 찬영이가 부탁했다구···.

올해도 아기자기 예쁜 케이크.

'거봐, 내가 사랑한다고 했지?' 데코 문장 보인다.
미조, 주희 흐뭇하다.

미조   저 꽃바구니는요.

풍성하고 예쁜 꽃바구니.
주방에서 나오는 진석. 쟁반 들고 서빙 나선다.

진석   어머니 곤드레밥 2인분 더 있어요! 어, 왔어?
주희   찬영이 야무지게 준비해놨네.
미조   (쇼핑백을 찬영 모에게) 엄마 선물.
찬영 모   아니 왜 자꾸 뭘 들고 와~! 시간 내서 온 게 선물인데!
찬영 부   (어디선가 나타나서) 뭐야? 맛있는 거야?
미조   비싼 거요.

야무지게 싱긋 웃는 미조.

48.   선우 집 거실 (낮)

소원에게 커피를 내주는 선우. 소파에 앉는 선우.

선우   언제 출발해?
소원   학기 시작까지 시간은 좀 있는데 일찍 가서 숨 고르기 좀 하려구.
선우   학위 마칠 때까지 여긴 안 올 거야?
소원   오빠 결혼할 때 와줄게. (아참) 아버지 연초에 한번 오신다고 했다며?

선우 응. 일정이 있으시대. 오신 김에 미조 부모님도 인사하신다고.

소원 (씩 웃는다) 언니 부모님 만나는 게 메인인 거 같은데? 시간 맞으면 연주회 오셔도 좋겠다.

선우 !!! …모시고 가도 될까?

소원 아버지가 오실까?

이제 자유로워진 듯, 별일 아닌 듯 웃는 소원. 선우도 마음이 좋다.

49. 삼겹살집 안 (밤)

다른 날. 미조와 주희 진석이 묵묵히 삼겹살을 먹고 있다.
별 대화도 없이 각자의 잔에 소주를 채우고 알아서 마신다.
진석이 구우려고 집게를 잡으려 하자, 주희가 뺏는다.
그냥 드시기나 하라고 손짓하며 삼겹살 호호거리며 씹는 미조.
선우가 현준이와 들어온다. 별다른 말없이 자리를 내주는 미조와 진석, 주희.

현준 다음엔 중식 먹죠. 제가 잘하잖아.

미조 사장님 여기 소주잔 두 개 더요!

미조, 핸드폰으로 앨범 열어 사진 한 장을 현준에게 보여준다.
포스트잇 사진. '2주에 한 번 진석이랑 삼겹살과 소주'

현준 빼박이구나.

선우 알면서 매번 왜 물어봐.

현준	혹시나 해서.
진석	사장님 여기 3인분 더 주세요! 김치도!
선우	2인분만 해 형.
진석	모자라.
선우	밥 볶아야지.
진석	사장님 2인분이요!

소주잔 두 개 왔다. 진석이 선우와 현준에게 소주를 따라준다.
선우와 현준 건배하자고 잔을 드는데, 미조는 김치를 굽고, 주희는 고기
를 자르고.
진석은 빈 상추 접시를 들고 일어난다.
선우와 현준 둘이서 짠하고 마신다.
미조가 선우 입에 삼겹살 무심한 듯 넣어준다.
현준이 그걸 보고는 주희에게 기대하며 보면,

주희	밥은 자기 손으로 먹어야지. 유치원 애들도 아니고.

현준, 에이… 알아서 먹는다.

선우	김치도.

미조, 구운 김치 집어서 선우 입에 넣어준다. 주희, 저게 증말….
진석이 상추를 산처럼 쌓아 왔다.
다시 전투적으로 먹는 이 사람들.

50.   국도 (낮)

미조가 기분 좋게 가고 있다.

51.   온누리보육원 놀이방 (낮)

훈이가 창가에 앉아 레고를 만들고 있다.
창문을 두드리는 소리. 미조다.
미현이 그랬던 것처럼 돼지 코를 만들며 웃는 미조 얼굴.
훈이가 환하게 웃는다.

52.   제이피부과 원장실 (낮)

햇살이 드는 미조 책상. 포스트잇 여러 개 보인다.
그중 하나 비춰지면 '김선우랑 잘 먹고 잘 살기'

53.   온누리보육원 놀이방 (낮)

미조와 훈이가 마주 서 있다.

미조   나 결혼할 거 같아.

훈이, 기쁘다. 내심 초조하다. 말은 못 하고 눈만 깜박… 깜박….

미조	그래서 이사할 거야. 좀 넓은 집으로.
훈이	네…. (고개를 숙이고 애가 탄다)
미조	그래서 물어보려고.
훈이	(미조를 본다)
미조	니 방은 어떻게 만들어줄까? 블루? 핑크?

훈이, 입술이 떨린다. 올라오는 큰 감정을 어떻게 할지 몰라 한다.
미조의 허리를 꽉 껴안는데, 펑펑 울고 있다. 미조, 훈이를 안아준다.

54.   제이피부과 원장실 (낮)

진료 준비 중인 미조. 주희에게 전화가 온다.

| 미조 | 응. |
| 주희(F) | 오늘 개봉하는 거 알지? 내가 예매할까? |

미조, 선뜻 대답하지 못한다.

| 미조 | 현준 씨랑 먼저 봐. 나 오늘 저녁에 모임이 있어서…. 응 그래. 난 뭐 선우 씨랑 보든가 너랑 보든가. 두 번 보면 되잖아! 응. 응~! |

미조, 고개를 돌린다. 포스트잇. '영화 개봉하면 첫날 관람 후 별점 5개'
이것만은 못 할 거 같은 미조.

찬영 부모의 어색한 기다림. 젊은 사람들 사이에서 영 어색하다.

찬영 부   팝콘 먹을래?
찬영 모   이빨에 끼더라.
찬영 부   …. 콜라 마실래?
찬영 모   당신 단 거 그만 마셔야 돼.
찬영 부   …. 팝콘이라도 먹자.

찬영 부, 일어나 팝콘 사러 간다. 찬영 모, 티켓을 애틋하게 매만진다.

찬영 부 손에 든 팝콘은 그대로다.
부모는 스크린 속 딸을 바라본다.

찬영 모   (속삭인다) 잘한다… 잘해 내 새끼….

찬영 부가 들고 있는 팝콘이 떨린다. 아버지는 아이처럼 소리 죽여 울
고 있다.

현준의 자동차 안. 주희 떨린다.
찬영이 나온다. 주희 기쁘다.

주희   (현준을 보며) 찬영이 목소리. 목소리!

핸드폰으로 촬영하려고 하자 현준이 말린다.

현준   불법 촬영이다….

주희, 아! 다시 스크린을 본다. 차분하게 찬영을 본다.

진석, 영화를 보고 있다. 찬영이 나오면 긴장해서 주먹이 꽉 쥐어진다.
반짝이는 눈으로 영화에 집중하는 진석.

작은 트리를 장식 중인 진석.
방울도 달고, 지팡이도 달고. 전구도 달고.

인서트/

브런치 레스토랑 정원. 찬영이 진석 손을 잡고 정원의 크리스마스트리를 본다.

찬영 귀찮아도 매년 크리스마스트리 해줘.
진석 응.
찬영 예쁘게 해줘.
진석 *(목이 멘다)* 응.
찬영 *(진석을 본다)* 내가 매년⋯ 보러 올게.
진석 ⋯. 응.
찬영 봄에는, 꽃을 심어. 보러 올게.
진석 *(눈물이 툭)*
찬영 내가⋯ 계절마다⋯ 보러 올게.

진석, 찬영이를 와락 안는다. 가슴이 사무친다.

/진석, 스위치를 켜면 트리 전구가 반짝이며 들어온다.
멍하게 보다가 두 손으로 얼굴을 감싸 안고 운다.

진석   보고 싶어서. 미치겠다⋯.

60.   미조 집 거실 (낮)

미조와 선우, 부케 사진을 보며 고르고 있다.

선우   이것도 이쁘다.

미조	좀 클 거 같기도 하고….
선우	주희 씨가 받는 거 맞지?
미조	응. 아 나 상상했어.
선우	뭘?
미조	주희가 부케 받다가 넘어지는 거.

둘 다 생각하니 더 웃긴다. 재밌다고 웃는 두 사람.

선우	이따가 저녁 먹고 찬영 씨 영화 볼까? 아직 안 봤잖아.
미조	영화?

의미 없이 되물으며 확답을 하지 못하는 미조.
선우, 그런 미조를 본다. 마음을 알 거 같다.

선우	우리 미조는 아직 준비가 안 됐구나? 찬영 씨 나오는 거 보면 울 거 같지…?
미조	…응.

선우, 미조가 안쓰러워 안아준다. 토닥여주는 선우.

선우	나중에 같이 보자. 천천히….

61.   공원 길 (낮)

미조와 주희가 걷고 있다.

주희	왜 안 봐.
미조	봐야지….
주희	흥행작 됐어. 당분간 극장에 걸려 있을 거 같드라.
미조	잘됐다. 흥행작 배우네 찬영이.

말없이 걷다가.

| 주희 | 왜 못 봐. |

걸음을 멈추게 되는 미조. 주희를 본다. 차분한 주희의 시선.
두 친구 마주 보고 서 있다.

| 미조 | 미안해서. 그래서. |

62.   회상 ─ 장례식장 입관실 앞 (낮)

안내(E)	정찬영 님 입관 모실게요. 가족 분들 모여주세요.

찬영 모와 찬영 부. 진석과 주희. 그리고 미조.
각자의 복장으로 입관실로 들어간다. 애통한 표정들.
모두 들어가고…. 마지막으로 들어가려는 미조.
그러나 미조 발길이 멈춘다. 찬영의 모습을 볼 자신이 없다.
조용히 닫히는 입관실 문.
미조, 입관실 옆 벽에 기대선다. 차마 찬영을 볼 수 없다.
스르륵 쪼그리고 앉는 미조. 무너지듯 얼굴을 깊게 묻는다.

마주 선 미조와 주희.

미조   그냥 그렇게 보낸 게… 너무 미안해서….

주희, 그 마음을 이해한다. 조용히 미조를 안아준다.

노크 소리 들리고 미현이 들어온다. 손에는 여러 번 사용한 듯한 허름한 쇼핑백 하나.

미현   퀵 왔어.
미조   나한테?
소리(E)   차 실장님~!
미현   네~!!

미현, 다급하게 나간다. 쇼핑백을 여는 미조. 주얼리 상자가 나온다. 상자를 열자, 작은 카드 한 장이 먼저 보인다. 아리송해하며 카드를 여는 미조.
열자마자 하…. 입을 막는 미조. 금세 눈이 빨갛게 물든다.

카드/ 미조! 깜놀이지? 주희가 인상 깊게 전했겠지?
      내가 신신당부했거든!

미조   찬영이 글씨….

카드를 가슴에 꼭 감싸 안고 한참을 있는 미조. 너무 소중하다.

인서트/
브런치 이후의 어느 날. 찬영 집 거실.
주희가 와 있다. 찬영이 주얼리 상자를 두 개를 건넨다.

찬영 나 없을 때. 차미조 정신 못 차릴 때. 그때 전해주라.
주희 (슬프고 따뜻한 미소) 미조… 아플까 봐 걱정되지…? 나도 그래.
찬영 너보다 미조가 더 걱정되는 거, 서운해? (흐흐… 웃는다)

주희, 한참을 찬영을 본다. 점점 눈물이 차오르는 주희.

주희 서운하다고 하면. (싱긋) 안 갈 거야?

그럴 수 없는 걸 아는 두 사람은 그냥 웃기만 한다.

/상자 안을 다시 보는 미조. 너무 예쁜 팔찌. 그리고 USB 하나.
USB를 잡는 떨리는 손. 노트북에 연결하는 손이 계속 떨린다.
파일을 열자… 찬영의 집 소파에 앉아 어색하게 웃고 있는 찬영이 나
온다.
두 손으로 입을 막고 어쩔 줄 몰라하는 미조. 찬영이다….

/영상과 미조 교차 진행.

찬영   안녕. 나야. 어색하냐? 나도 그래. 뭐 할 건지 뻔하지? 영화에서 주구장
        창 봤던 거지 뭐. 그래도 이게 먹히긴 할 거 같더라고.

        /미조, 숨이 막혀서 스톱 버튼을 누른다.
        자리에서 일어나 원장실을 몇 번 왔다 갔다.
        눈물이 꽉 차서는 다시 책상으로 가 노트북 앞에 앉는다.
        마음의 준비를 하고 다시 플레이….

찬영   그런 거 알아? 너무 고마우면… 표현을 잘 못 하겠더라. 나의 부고 리
        스트를 브런치 리스트로 만들어준 거. 고마워. 니 덕분에 세상에서 제
        일 신나는 장례식을 한 거 같아.

        /미조, 이제는 눈을 떼지 않고 찬영을 볼 수 있다. 손에 잡힐 듯한 찬영
        의 얼굴.

찬영   내가 언젠가 그랬잖아. 너를 많이 생각한다고. 너를 생각하면… 든든하
        고 또… 걱정된다고. 미조야. 밥 잘 먹고 수면제 없이 잘 자고… 그렇게
        지내지 미조야?

        그 말을 하는 찬영도 좀 목이 멘다. 그러나 웃고 있다.

        /미조, 하… 벅찬 감정과 그리움에 눈물이 그치지 못한다.

찬영   혹시나 해서 이런 걸 하고 있다 내가… 너 힘들게 버티고 살까 봐. 주희
        는 걱정이 덜 되는데, 이상하게 넌 걱정이 돼. 처음 널 만났을 때 그 불
        안하고 슬픈 얼굴이 깊이 남아 있나 봐.

/미조, 눈물이 맺힌 채로 생각이 나는 듯 피식… 두 눈은 찬영을 놓지
못한다.

찬영   미조야. (울컥하는 걸 참고 참으며) 이 영상을 보고 있을 그날은 어때?
       …. 마흔의 공기는 다르니?

/미조, 입을 두 손으로 막고 소리를 죽여 참지만, 눈물이 그치지 않는다.

찬영   (웃는) 주희랑 너랑 같이… 마흔이 되고. 쉰이 되고. 예순, 칠순, 팔순…
       그렇게 되고 싶었어.

/미조, 하…. 더 이상 참아내지 못하는 울음소리가….

찬영   내가 가끔… 보고 싶니?

/미조, 펑펑 운다. 모니터 속 찬영의 얼굴을 보듬는 떨리는 손.

찬영   내가 없는 마흔을 슬퍼하지 마. 그냥 가끔… 그리워해줘.
       (고개를 푹 숙이는 찬영) 벌써 보고 싶다.

찬영도 고개를 숙인 채 있다. 눈물이 턱에 고여 매달린다.

/미조, 아… 눈물 속에 무너진다.

찬영   (고개를 들고 카메라를 깊게 바라보며) 나에게 너는 있잖아… 아주 친
       밀하고… 아주 소중해. 친애한다는 말이야.

눈물이 범벅이 된 찬영이 아름답게 웃는다.

/미조, 엎드린 채 펑펑 운다. 주얼리 상자 속 팔찌가 반짝인다.

미조(N) 밥 잘 먹고 잠은 가끔 못 자고. 그래도 약은 안 먹고 있어.

65. 미조 몽타주

/제이피부과 탕비실. 선우와 간호사들과 떡볶이를 먹는 미조.
간호사의 농담에 푸핫 웃는 미조가 활기차 보인다.

미조(N) 생각보다 잘 지내고 있는 거… 보고 있니?

/자동차 운전 중인 미조. 한적한 길. 창문을 연다. 바람이 들어온다.

미조(N) 마흔의 공기는… 글쎄… 니가 없다는 거 빼고는 똑같은 거 같아.

/주희 집 거실. 미조와 주희가 소파에 널브러져 각자의 유튜브를 보고
있다.
서로 그런 줄 알지만, 실은 멍하게 각자의 찬영을 생각하고 있다.

미조(N) 아직은 … 니가 없다는 게 익숙하지 않아 찬영아.

/밤. 어떤 맥줏집 앞. 미조가 통화하며 잠시 나온다. 손목엔 찬영이 선물
팔찌.

| 미조 | 많이 안 마셨어…. (혀가 꼬였는데) 택시 타고 간다니까? 낼 봐요 김선우~! |

흐흐… 기분이 좋은 미조. 다시 들어가려다가 문득 하늘을 본다.
취해서 좀 흔들거리는 미조. 핸드폰을 연다. 연락처에서 찬영의 번호를
찾는다. 통화 버튼을 누른다.
핸드폰을 든 손에는 찬영이 준 팔찌가 반짝인다.

| 미조(N) | 너의 번호로 전화를 걸면… 다른 사람이 받아.
알면서도 가끔… 니가 사무치게 그리운 날이나…
그래서 술에 취한 날이면 전화를 걸어. |

신호음이 간다. 미조, 오늘도 긴장하는 거 같다.

여자(F)	여보세요?
미조	….
여자(F)	여보세요….
미조	아 죄송합니다. 잘못 걸었어요.

전화를 끊고 하…. 아득해지는 미조.

| 미조(N) | 그럼 니가… 받을 것만 같거든. |

66. 납골당 전경 (낮)

파란 하늘에서 카메라 내려오면 납골당 전경이다.

햇살이 좋다.

67. 납골당 안 (낮)

찬영의 사진. 그 앞에 미조와 주희.

주희   미조 날 잡았어.
미조   얘가 부케 받아.
주희   6개월 안에 갈 수 있을까 찬영아?
미조   (갑자기 주희에게 버럭) 그냥 니가 프로포즈해~!
주희   연상녀한테 쉬운 일 아니거든.
미조   (찬영 사진 보며) 니가 어떻게 좀 해봐. 영 아니면 다른 남자 보내든가.
주희   미쳤나 봐, 현준 씨랑 나는 그런 얄팍한 사이 아니거든!
미조   왜 버럭버럭 그래?
주희   야, 찬영이가 보고 있어… 니가 지금 약을 올리잖아.

마치 찬영이가 같이 있는 거처럼 투닥거리는 미조와 주희.

미조(N)   우리는 몇 살쯤 되면 너의 부재에 익숙해질까?
         그런 날은… 오지 않을 거 같아.

68. 납골당 앞 (낮)

미조와 주희가 도란도란 걸어간다. 웃기도 하고 툭 때리기도 하고.

주희 토라지는 거 같기도 하고. 미조가 달래고.

미조(N)   셋이었던 우리가 둘이 되어서, 너를 그리워해.
          많이 보고 싶어. 찬영아.

팔짱을 끼고 걸어가는 남은 두 친구 모습이 오래도록 보여진다.

엔딩.

서른, 아홉 2

1판 1쇄 인쇄 2022년 3월 18일
1판 1쇄 발행 2022년 4월 4일

지은이 유영아
펴낸이 김영곤
펴낸곳 ㈜북이십일 아르테

책임편집 김연수 **교정** 김지은 **디자인** 권예진
문학팀 장현주 임정우 김연수 원보람 최은아
마케팅2팀 나은경 정유진 이다솔 김경은 박보미
출판마케팅영업본부 본부장 민안기
출판영업팀 김수현 이광호 최명열
제작팀 이영민 권경민

출판등록 2000년 5월 6일 제406-2003-061호
주소 (10881) 경기도 파주시 회동길 201 (문발동)
대표전화 031-955-2100 **팩스** 031-955-2151 **이메일** book21@book21.co.kr

아르테는 ㈜북이십일의 문학 브랜드입니다.

ISBN 978-89-509-0009-0 04680
ISBN 978-89-509-0010-6 (세트)